KB200403

말씀 한평생

성경암송 교육에 전부를 건 여운학 장로의

# 말씀 한평생

여운학

규장

# 아버지의 말씀 한평생

"여보…세요….."

"여보세요, 진구니? 지금 어디니? 몸은 괜찮니? 밥은 먹었어? 어디에 있는지 말해줘. 지금 데리러 갈게."

"….."

"괜찮아. 다 용서해줄게. 집으로 돌아와라."

"…죄송해요, 너무 힘들고 무서워요. 집에 가고 싶어요. 그런데 차비가 없어요. 여기 우이동 6번 종점 근처예요."

"그래, 어디 가지 말고 그대로 있어. 바로 갈게."

1979년 초여름 밤, 당시 중학교 1학년이던 나는 공중전화 부스에서 울고 있었다. 학교에서 문제가 생겼는데 그 소식이 부모님에게 알려질까 봐 두렵고 부끄러워 무작정 가출을 했다.

그때는 자정부터 새벽 4시까지 야간통행금지가 있었다. 밤이 되자 마땅히 갈 곳이 없었던 나는 6번 버스 종점인 우이동 야산에서 하룻밤을 지새웠다. 먹지를 못해 배는 고프고 산짐승들의 허기진 울음소리에 등골이 오싹했다. 순찰 도는 방범대원에게 안 들키려고 꼼짝 않고 숨어있느라 바짝 긴장한 채 벌건 눈으로 밤을 새웠다.

아버지는 30분 만에 오셨다. 나는 몹시 혼날까 봐 마음을 졸였다. 그런데 아버지는 쭈그리고 앉아있는 나를 보자마자 와락 껴안으며 말씀하셨다.

"진구야, 사랑한다. 잘 돌아왔다. 다 괜찮다."

돌아오는 택시 안에서도 나를 꼭 안으셨다. 안겨있는 내 볼에 뜨거운 게 떨어졌다. 아버지의 눈물이었다. 아들을 되찾고 하나님께 드리는 감사의 눈물이었다.

그 눈물 한 방울이 내 인생을 결정지었다. 잘못하고 죄를 지어도 언제든 주님께 돌이키면 용서해주시고, 동구 밖까지 맨발로 뛰어나오시는 하늘 아버지의 한량없는 은혜, 그 크고 넓고 깊은 사랑을 알게 되었다.

집에 돌아와 숨을 돌리고 있는데, 아버지가 조용히 내 방에 들어오셨다.

"진구야, 힘들고 무서웠지? 주님은 하나님을 사랑하는 사람들에게 모든 상황을 합력하여 가장 좋은 길로 인도해주신단다. 네가 이번 일을 통해 꼭 기억할 말씀이 있다. 바로 '롬팔이팔'이다."

우리가 알거니와 하나님을 사랑하는 자 곧 그의 뜻대로 부르심을 입은 자들에게는 모든 것이 합력하여 선을 이루느니라 롬 8:28

아버지는 모든 상황을 말씀으로 받으셨고 말씀으로 풀어주셨다. 말씀으로 감사하셨고, 고난을 견디셨고, 해결점을 찾으셨다.

아버지는 나를 규장의 대표로 세우시며 불안해하는 내게 이 말씀을 주셨다.

보라 네가 알지 못하는 나라를 네가 부를 것이며 너를 알지 못하는 나라가 네게로 달려올 것은 여호와 네 하나님 곧 이스라엘의 거룩하신 이로 말미암음이니라 이는 그가 너를 영화롭게 하였느니라 사 55:5

하루는 내가 열심히 일하고 있는데, 아버지가 부르셨다. 백방으로 애써도 좋은 성과가 나지 않아 낙심할 때였다.

"요즘 답답하지?"

"네, 잘되는 게 없네요."

"그럴 때 하나님께 연락드려. 직통번호를 가르쳐줄까?"

"네? 그런 게 있어요? 너무 좋죠."

"JER(예레미야서의 영문) 3303번이야. 어려움이 많고 염려가 있을 때 주님 앞에 나가 부르짖으면 놀랍게 응답해주실 거야."

너는 내게 부르짖으라 내가 네게 응답하겠고 네가 알지 못하는 크고 은밀한
일을 네게 보이리라 렘 33:3

아버지가 소천하시기 두 달 전쯤, 할 이야기가 있다며 조용히 나를
부르셨다.

"어제 말씀암송을 하며 기도하다가 하나님이 네게 주시는 말씀이 있
었다. 하나님이 주시는 거지만 나의 마음이며 너를 향한 나의 축복이다."

네 아버지의 하나님께로 말미암나니 그가 너를 도우실 것이요 전능자로 말미
암나니 그가 네게 복을 주실 것이라 위로 하늘의 복과 아래로 깊은 샘의 복과
젖먹이는 복과 태의 복이리로다 창 49:25

"진구야, 앞으로 어떤 고난과 어려움이 있어도 걱정하지 마라. 주님
이 너를 지키시고 축복해주실 것이다. 그리고 이 사역을 하면서 다른
이들에게 오해와 시기 질투를 당해도 낙심하지 마라. 주님은 다 아신
다. 단지 기다리실 뿐이다."

이 말씀은 야곱이 생을 마무리하면서 요셉에게 준 축복의 유언이었
다. 말씀을 받으며 너무나 감격스럽고 감사했다. 그리고 아버지의 생
이 정말 얼마 남지 않으신 것 같아 마음이 복받쳤다.

고 여운학 장로님은 언제나 말씀을 암송하고 묵상하셨다. 가만히 계시는 시간이 없었다. 틈만 나면 기다릴 때나 차로 이동 중에도 항상 말씀을 암송하셨다. 303비전 필수 암송 구절을 줄줄이 외우느라 쉬는 시간, 쉬는 날이 없으셨다. 그러기에 무슨 이야기든 결론은 기승전 '말씀암송'이었다.

말씀암송은 아버지의 유일한 관심사였다. 세상 정보, 시사 이슈, 정치 등에는 관심도 없으시고, 말씀암송과 303비전꿈나무 어린이와 암송맘에게만 관심을 두셨다. 말씀 사랑과 그 말씀으로 키워내는 가정교육 그리고 신인류로 커가는 303비전꿈나무들을 가장 아끼셨다.

아버지는 원 없이 말씀을 암송하며 더없이 사명에 충성하다가 2022년 3월에 주님께 가셨다. 장례식장 풍경에서 말씀 사랑의 열매들이 드러났다. 조문객 중에 유독 애통해하며 아버지를 그리워하는 분들이 있었는데, 바로 303비전꿈나무장학생들과 그 어머니인 암송맘들이었다.

네 살 아이부터 사십 대 엄마까지 전국에서 조문을 온 이들은 영적 아버지, 영적 할아버지를 떠나보낸 슬픔에 많은 눈물을 흘렸다.

아버지 평생의 사명과 비전은 말씀암송이었다. 그는 말씀암송 태교부터 시작해서 날마다 말씀암송 가정예배로 가정이 새로워지고 교회와 나라가 변화되는 과정을 30년 한 세대가 3대에 걸쳐 100년 동안 이루어갈 303비전의 큰 꿈을 꾸신 영적 거인이셨다.

또 비유를 들어 이르시되 천국은 마치 사람이 자기 밭에 갖다 심은 겨자씨 한 알 같으니 이는 모든 씨보다 작은 것이로되 자란 후에는 풀보다 커서 나무가 되매 공중의 새들이 와서 그 가지에 깃들이느니라 마 13:31,32

《말씀 한평생》은 아버지가 남기신 5권의 저서에서 말씀암송의 핵심과 그것을 위해 당신이 몸소 암송하고 묵상하며 실천하신 내용의 거의 모두를 담은 책이다. 말씀암송의 사명을 위해 한평생 본을 보이셨던 아버지의 생각과 마음이 고스란히 담겨있다.

여전히 말씀암송을 어렵게 생각하는 개인이나 교회 혹은 암송을 멈춘 이들에게 이 책이 다시금 신선하고 강력한 도전을 주길 바라는 마음에서 아버지의 소천 1주기를 맞아 펴내게 되었다.

막내아들 여진구 규장 대표

# 차례

헌사

## PART 2 말씀암송의 실제

## PART 3 말씀암송과 자녀교육

## PART 4   말씀암송 가정예배

# 나의 삶과 말씀암송

PART

# 1

♫♪

# 엄마와 함께 암송한 하나님 말씀을

(303비전성경암송학교 주제가, 유니게송)

엄마와 함께 암송한 하나님 말씀을
내 평생 묵상하면서 내 양식 삼으니
나의 모든 삶이 말씀으로 찼네
복되고도 즐겁도다 묵상의 삶이여
어린 시절 외운 말씀 영원한 보배라

어릴 때 즐겨 암송한 진리의 말씀이
어려울 때나 슬플 때 참된 위로 주시고
주의 선하신 뜻을 밝히 보이시네
복되고도 즐겁도다 묵상의 삶이여
어린 시절 외운 말씀 영원한 보배라

힘써서 외운 이 말씀 생명의 말씀이
믿는 자 마음속에서 역사하시도다
신비한 능력의 말씀 내 생명 깨워주시네
복되고도 즐겁도다 묵상의 삶이여
어린 시절 외운 말씀 영원한 보배라

작사 : 여운학, 1999. / 작곡 : P. P. 블리스, 1874.
새찬송가 200장 〈달고 오묘한 그 말씀〉 곡

세상 사람들은 인생을 가리켜 고해(苦海), 무상(無常), 일장춘몽(一場春夢), 일편지부운(一片之浮雲), 만경창파일엽주(萬頃蒼波一葉舟) 등의 말로 표현하기를 좋아합니다.

인생이란 쓴 바다 곧 파도가 수시로 밀어닥쳐서 생명에 늘 위협을 느끼는 고통스러운 바다, 덧없는 인생, 한바탕의 봄꿈, 언제 사라질지 모르는 하늘의 구름, 망망한 바다에 떠있는 나뭇잎 같은 고독하고 무력한 거라고 표현합니다.

어찌 생각하면 그럴듯한 표현이요, 가슴 뭉클한 시구이기도 하지요. 그러나 예수 그리스도의 속량하심을 받고 구원의 삶을 누리는 성도라면, 어리석은 인생들의 넋두리로밖에 들리지 않을 것입니다.

그럼에도 인생은 그리 평탄하고 형통하며 기쁨과 즐거움만 있는 건 아니기에 비록 머리로는 하나님의 구원의 사랑을 인정하면서도, 어려운 현실에 부딪히면 가슴이 아프고 삶의 소망이 사라지는 경험을 하지요. 당장 먹고사는 일, 자녀를 가르치는 일, 억울한 오해로 이웃의 곱지 않은 시선을 받는 일들로 마음이 흔들리고 평안을 잃어버리기도 합니다.

그러나 오직 하나님의 말씀을 사모하는 마음으로 암송하고, 기회 있는 대로 즐겨 묵상하고, 삶에 적용하여 실천하는 사람은 합력하여 선을 이뤄주시는 하나님의 섭리 아래 축복의 삶을 살 수 있다는 게 얼마나 감사한 일인지요.

나는 2011년에 눈 수술을 했습니다. 수술대에 누워 부분 마취 주사를 맞고 따끔따끔함을 느끼면서 오른쪽 눈에 백내장이 제거되고 있음을 알았습니다. 안구 여기저기에 바늘 같은 것이 꽂히는 걸 짐작하면서 말씀을 암송했습니다.

> 여호와는 나의 목자시니 내게 부족함이 없으리로다 그가 나를 푸른 풀밭에 누이시며 쉴 만한 물가로 인도하시는도다 내 영혼을 소생시키고 자기 이름을 위하여 의의 길로 인도하시는도다 내가 사망의 음침한 골짜기로 다닐지라도 해를 두려워하지 않을 것은 주께서 나와 함께하심이라 주의 지팡이와 막대기가 나를 안위하시나이다 시 23:1-4

내 영혼이 지각에서 가물가물 멀어지는 듯했습니다. 그러는 사이에 한 시간 반이나 흘렀지요.

"자, 이제 다 마쳤습니다. 눈을 떠보실까요?"

의사의 목소리에 깊은 잠에서 깨어났습니다. 이때 평소에 말씀을 묵상하면서 잠들기에 익숙했던 덕을 단단히 보았습니다. 처음엔 약간 겁이 났고 '아, 이렇게 생을 마감할 수도 있겠구나' 하는 생각도 들었지요. 그러나 말씀 묵상의 평안함 속에서 오른쪽 눈의 백내장과 황막 제거 수술을 무사히 마칠 수 있었습니다.

돌이켜보면, 하나님의 말씀을 먹고 마시며 살아온 수십 년이 마치 꿈결 같습니다. 세계적 기업인 코카콜라 사의 사장이 자신의 혈관 속에는 코카콜라가 흐른다고 말했다지요? 나는 내 혈관 속에 하나님의 말씀이 흐른다고 말하고 싶습니다. 눈만 뜨면, 그 달고 오묘한 말씀을 먹고 싶어 안달했던 시간이 수없이 많았지요.

비록 마흔이 넘어서 예수님을 구주로 모셔 들였지만, 하루에 세 갑씩 피우던 담배를 끊은 후 집과 직장에서 잠언, 전도서, 시편, 요한복음에 심취해 읽는 것만으로는 성에 차지 않아 우둔해진 머리로 암송하려고 몸부림치던 일이 생생하게 떠오릅니다. 포스트잇에 두세 절씩 적어서 바지나 와이셔츠 주머니에 넣고 다니며 주로 출퇴근 시간에 만원 버스 안에서 열심히 암송했지요.

말씀을 암송한다는 건 정말 행복한 일입니다. 말씀에 심취해서 암송 묵상을 하다가 잠드는 건 마지막 순간까지 하나님과 영적 대화를 나누다가 하나님나라로 가는 예행연습이라고 생각합니다.

잠자리에서뿐 아니라 아침저녁으로 4-8킬로미터의 거리를 산책할 때도 말씀암송과 묵상에 푹 빠져 걸었습니다. 그러다 혹시 아는 이웃을 만날까 은근히 겁이 나기도 했지요. 내 눈이 앞을 향하고 있어 상대방은 내가 그를 보는 줄 아는데, 실상 나는 인식하지 못하기 때문에 결례가 될 수 있고, 혹 그와 대화하게 되면 하나님과의 달콤한 대화가 잠시 끊겨버리기 때문입니다.

이처럼 말씀을 암송 묵상하는 시간은 다른 무엇과도 비교할 수 없는, 다른 무엇에 빼앗길까 두려운 귀하고 복된 시간이지요.


## 유소년 시절의 추억

초등학교도 들어가기 전의 일입니다. 면 소재지라고는 하지만 충청북도 영동군 학산면 산골의 불과 50여 가구가 사는 동네에서 낮이면 신작로에 나타나는 떠돌이 지적장애 청년 거지가 있었습니다. 동네 아이들이 "야, 이 바보야!" 하고 놀려대면 그는 히죽히죽 웃었고, 악동들은 돌을 집어 던지며 그를 괴롭히기를 즐겼습니다.

어느 날, 이 광경을 보신 어머니는 아이들을 향해 "너희들, 왜 착하고 불쌍한 사람을 못살게 구니?" 하면서 꾸짖으셨습니다. 그러자 이 젊은이가 갑자기 어머니를 향해 눈을 부릅뜨고 무어라 소리쳤지요. 한편 아이들은 더 신나게 그를 놀려댔고, 그는 더 큰 소리로 어머니에게 대들었습니다.

나는 그 우악스러운 거지가 어머니를 때리면 어쩌나 싶어 어머니 손을 붙잡고 울면서 빨리 집으로 가자고 졸라댔습니다. 지금 와서 그 거지의 심리를 짚어보면, 그는 필경 우리 어머니가 자신을 꾸짖는 것으로 오해했든지 아니면 아이들과 재미있게 노는 걸 방해한다고 생각했는지 모릅니다. 그럼에도 어머니는 늘 그를 감싸주셨지요.

당시 우리 앞집은 잘사는 집이었습니다. 하지만 불행하게도 일찍이 안주인이 어린 두 형제를 두고 세상을 떠났고, 새 부인한테서 아들이 태어났습니다. 새엄마가 자기가 낳은 아들을 더 사랑하여, 전실 소생은 소외될 수밖에 없었습니다.

하루는 앞집의 두 형제가 지금의 붕어빵 같은 단팥빵을 굽는 동네 할머니 옆에 앉아서 군침을 삼키고 있었습니다. 어머니는 아무 말 없이 빵 한 봉지를 사주셨지요. 형은 빵 봉지를 가슴에 안고 동생은 형을 따라 얼마나 신바람 나게 뛰어가던지, 그 모습이 지금도 눈에 선합니다.

그들이 자라서 중학생이 되자 형제는 내게 진심 어린 우정을 보였습니다. 지금은 그들이 어디서 무엇을 하는지 모릅니다. 그러나 어릴 때 동네 아주머니한테 받은 따뜻한 사랑이 그들의 마음에 남아 삶을 풍성하게 했으리라 생각합니다.

'어머니'라는 단어는 우리의 아련한 곳을 자극합니다. 백발이 성성한 내게도 어머니의 존재는 든든한 버팀목과 같습니다. 어머니는 광대뼈가 많이 튀어나와서 얼굴이 마치 모과처럼 울퉁불퉁하셨음에도, 성정이 착하고 지혜로워서 아버지는 어머니를 '우리 모개'란 애칭으로 부르셨지요. 모양은 볼품없어도 약에도 쓰이고 그 향기가 좋은 귀한 과일이라는 뜻으로 그런 애칭을 붙이셨던 것 같습니다.

산골에 살면서도 부잣집 소리를 들었던 우리 집 긴 뜨락 끝부분에 내 키보다 큰 대형 옹기 두 개가 나란히 놓여있었습니다. 가을이 되면 어머니는 그 큰 독 속에 말린 나락을 가득 채워놓았습니다. 춘궁기의 가난한 이웃들을 위한 구제미(救濟米)였지요. 봄이 오면 양식이 다 떨어져서 굶기를 부자 샛밥 먹듯 하던 일제 말기였기에 가난한 이들에게 나눠주기 위한 것이었습니다.

어느 해 늦가을, 장마가 크게 난 후에 날이 활짝 개었습니다. 어린 나는 어머니를 따라 장마로 무너진 동네 앞 제방 구경에 나섰지요. 제방은 허물어져 자갈 모래가 제방 안쪽의 황금벼를 덮쳐버렸습니다.

가을 햇볕이 내리쬐는 가운데 착하기로 소문난 전 장로님(당시 동네 사람들이 그렇게 불렀는데 이름은 지금도 모릅니다)이 장마가 휩쓸고 간 논에 쭈그리고 앉아서 자갈 모래에 묻힌 누런 벼를 대여섯 포기씩 하나로 묶어 세우고 있었습니다.

"하늘도 무심하시지… 왜 하필 저 부잣집 논은 그대로 두고 장로님 논만 쓸어버렸는지 모르겠네요."

어머니가 혼잣말처럼 중얼거리셨습니다. 그러자 장로님이 밝게 웃으며 대답했습니다.

"웬걸요. 저는 지금 하나님께 감사하며 이 일을 하고 있는데요. 첫째로, 제 논은 비록 수해를 입었지만 다른 사람의 논을 잘 지켜주신 것에 감사하고요, 둘째로 자갈 모래가 살짝 덮여 다시 일으켜 세울 수 있을 만큼 지켜주신 것에 감사하고 있습니다."

"감사할 것도 쌨지. 쯧쯧쯧!"

믿음이 없던 어머니는 전 장로님의 이해하기 힘든 말에 기가 막힌다는 듯 혀를 차셨습니다.

지금 나는 처음 만난 사람과 통성명하며 악수하고 미처 손을 놓기도 전에 상대의 이름은 고사하고 성조차 까맣게 잊어버리는 건망증 환자입니다. 그럼에도 어렸을 때의 일을 조용히 돌이켜보면, 마치 〈대한뉴스〉 필름을 보듯 선명하게 떠오릅니다.

어머니의 삶이 보여준 작은 선행과 고난 중에도 하나님께 감사하는 모습을 보였던 전 장로님의 일로 말미암아, 비록 철부지였을지라도 평생 떠올리며 묵상할 추억을 간직하게 하신 하나님께 늘 감사하며 삽니다.

어머니가 하나님에 대한 믿음은 없었지만, 나는 어려서부터 어머니의 삶에서 배운 것이 있습니다. 인간의 도리, 곧 가난한 이웃을 돕는 정신을 배웠지요. 특히 불우한 어린이에게 작은 도움이라도 베풂으로써 아이들의 마음에 따뜻한 인정을 심어주는 모습도 내 믿음 생활에 큰 도움이 되었습니다.

또 시골 교회의 가난한 장로님이 범사에 감사하는 모습은 나에게 로마서 8장 28절과 데살로니가전서 5장 16-18절 말씀을 금과옥조(金科玉條)로 삼고 살도록 이끌어주었지요.

아버지가 동네 큰길에 나서면 청장년들이 "어르신 나오셨어요?" 하며 인사를 했고, 아버지는 "어이, 어이", "오야, 오야" 하면서 인자한 웃음으로 일일이 받아주셨습니다. 그런 모습을 보며 자라서일까요, 나도 손자녀나 어린이들이 인사하면 이렇게 대답하는 버릇이 있습니다.

아버지는 가난한 친척의 자녀들에게 장학금을 주어 공부를 시키셨습니다. 그래서 나도 고학하던 대학 시절부터 자연스럽게 장학회를 만들어 차세대를 가르치는 꿈을 꾸었지요.

조국의 해방과 더불어 대한민국 정부가 수립될 즈음에 미군정 아래 있던 우리는 미국식 선거법을 따라 마을 대표가 모여 면 대표를 뽑았고, 그들이 모여 군수를 뽑았습니다. 제가 살던 영동군에서도 11명의 면 대표가 한자리에 모여 투표했는데, 10대 1로 아버지가 초대 영동군수가 되셨습니다. 말할 것도 없이 10표는 아버지의 이름이었고, 1표는 아버지가 다른 면 대표의 이름을 적으신 거였지요.

당시 초등학교 6학년이던 나는 그 일을 보고 결심했습니다. 커서 만일 투표할 일이 있으면 아버지의 겸양의 미덕을 이어가기 위해서라도 내 이름을 직접 쓰지는 않으리라고. 그래서 훗날 교회에서 안수집사나 장로를 뽑을 때, 나는 1표 차이로 떨어질망정 내 이름을 적지 않았습니다.

나보다 일곱 살 위인 형은 서울 명문 사립학교인 휘문중학교에 다녔습니다. 당시 아버지는 공식적으로 소정의 기부금을 내고 형을 입학시

컸던 것 같습니다. 그 덕분에 나는 서점도 없는 면 소재지에서 자랐지만, 형이 방학 때 사다 준 《세계위인전기》와 《세계동화전집》을 읽고 꿈을 꾸며 자랄 수 있었지요.

일제 시대였기에 위인전에는 히틀러, 무솔리니, 일본의 노기 대장 등이 있었고, 에이브러햄 링컨도 있었습니다. 당시 학교에서 매월 첫 월요일 조례 시간에 학년별 대표로 뽑힌 아이가 전교생 500명 앞에서 발표회를 가졌습니다. 나는 반장도 아니었는데 자주 뽑혀서 위인들의 이야기나 동화를 발표했지요.

하다 보면 빠뜨린 이야기가 생각나서 앞으로 돌아가 이야기를 추가하는 등 엉망이었지만, 다른 아이들이 호랑이 담배 피우는 이야기, 소금장수 이야기밖에 못하는 데 비해 나는 줄거리가 있는 재미난 이야기를 발표할 수 있었습니다.

한번은 여름방학 때, 형과 동네 뒷산 등성이까지 올라가서 뛰놀다가 돌아보니 갑자기 형이 보이지 않았습니다. 사방을 둘러봐도 고요하기만 하고 형은 없었지요. 나는 놀라서 "서영! 서영!" 하고 목이 터지게 부르다가 공포에 질려 허둥지둥 구르다시피 산에서 내려왔습니다.

집에 와도 얄미운 형은 보이지 않았습니다. 내가 속은 것이 분해서 씩씩거리고 있는데, 잠시 후에 형이 빙그레 웃으며 들어왔습니다. 나무 뒤에 숨어서 내가 어떻게 행동하는지 지켜보고 있었던 거지요. 겁 많은 동생의 담력을 키우려 했던 형이 지금 생각하면 고맙기만 합니다.

### 나를 잡아준 성경 말씀

중학 시절, 교장 선생님의 아침 훈화에서 전화위복과 새옹지마의 득실 그리고 타산지석 등의 사자성어 풀이를 들었습니다. 그러면서 일찍부터 스스로 운명을 조종할 수 있다는 생각을 깊이 가졌지요.

그즈음에 데일 카네기(Dale Carnegie)의 《How to Win Friends & Influence People》(인간관계론) 번역본을 탐독했고, 형이 읽던 일어판 《復活》(부활)을 읽고 기독교 문학이 무엇인지도 모르면서 톨스토이의 인생관과 '인생이란 무엇인가'를 논하며 사색하는 시간도 가졌습니다. 그렇게 또래 친구들보다는 인생에 관한 묵상과 고민을 많이 했지요.

그러다 고등학교 2학년 때 6·25동란을 맞았고, 1·4후퇴 때 홀로 고향 영동을 떠나 부산으로 피난을 갔습니다. 온갖 어려움을 겪으며 고학을 했지만, 전혀 낙심하지 않고 전화위복의 정신으로 굳건하게 살았습니다. 중학 시절, 교장 선생님의 훈시와 양서를 읽으며 뿌리 깊게 새겨진 긍정적인 사고방식에 힘입은 바가 컸지요.

대학 시절엔 나름대로 진리를 찾아 영락교회나 안동교회에도 가끔 나가보았고, 이화여중 교정에서 열렸던 빌리 그레이엄 저녁 집회에도 갔습니다. 특히 존 밀턴의 《실낙원》(失樂園) 원서 강독 시간을 좋아했던 기억이 생생합니다.


그러나 삼십 대에 들어서면서 불교에 관심을 갖기 시작했습니다. 《반야심경》과 《금강경》을 독학으로 암송하면서 주해서와 참선을 통해 그 사상을 이해하려고 애썼지요. 반야심경의 핵심 사상인 '색즉시공 공즉시색'(色卽是空 空卽是色, 있는 것이 없는 것과 다름없고, 없는 것이 있는 것과 다름없다)의 공사상(空思想)과 금강경의 핵심 사상인 '응무소주 이생기심'(應無所住 而生其心, 어느 곳에도 마음을 머물지 않게 하여 마음을 일으키라)을 즐겨 암송했습니다.

그러면서 인생은 오직 마음먹기에 달렸다는 지극히 단조롭고 심오한 인생관인 '일체유심조' 곧 '마음에 의해 모든 것이 창조된다'라는 유심사상(唯心思想)에 몰입했습니다. 전화위복 곧 '화를 돌려서 복으로 삼을 수 있다'라는 적극적인 생각을 뛰어넘어 인생을 달관하며 산다는 자긍심에 젖기도 했지요.

그러다가 사십 대 초에 척추디스크 질환으로 인생의 허무를 느낄 때, 먼저 하나님을 믿던 아내의 권유로 병상에서 성경을 읽기 시작했습니다. 잠언과 전도서, 시편에 이어 사복음서와 이사야서, 바울의 서신서들을 읽으며 은혜를 받았고 이후 성경암송과 묵상에 빠져들었지요.

하나님께서는 여호수아에게 가나안 정복의 총책임을 맡기시면서 "강하고 담대하라"라는 말씀을 여호수아서 1장에만 세 번이나 반복하셨습니다. 그리고 "내 말에 순종하면 가나안땅은 네 소유가 되리라"라고 약속하셨지요.

그리하여 여호수아는 하나님의 말씀을 믿음으로 어떤 어려움을 만나도 흔들리지 않고 순종했으며, 하나님께서는 약속하신 말씀대로 가나안을 이스라엘의 소유로 만들어주셨습니다.

나는 하나님의 말씀이 너무너무 좋아서 무뎌진 기억력을 되살려가며 암송을 지속했습니다. 암송한 말씀을 주야로 즐겨 묵상하면서 천 길 낭떠러지 같은 험로를 무난히 통과했습니다. 수많은 고난의 여정을 지나며 '롬팔이팔의 하나님'을 온전히 믿을 수 있게 되었지요.

내가 여호와를 기다리고 기다렸더니 귀를 기울이사 나의 부르짖음을 들으셨도다 나를 기가 막힐 웅덩이와 수렁에서 끌어올리시고 내 발을 반석 위에 두사 내 걸음을 견고하게 하셨도다 시 40:1,2

이 시편 말씀은 나의 구원의 능력이었습니다. 어려울 때마다 반복 암송하고 묵상하는 가운데 숨 막힐 듯한 웅덩이와 수렁에서 하나님이 내미시는 구원의 손길을 느꼈고, 실제로 기적 같은 일들이 일어났습니다.

여호와는 나의 빛이요 나의 구원이시니 내가 누구를 두려워하리요 여호와는 내 생명의 능력이시니 내가 누구를 무서워하리요 … 너는 여호와를 기다릴지어다 강하고 담대하며 여호와를 기다릴지어다 시 27:1,14

와이셔츠 주머니 속 말씀

돌이켜보면, 지난 세월은 하나님의 말씀을 먹고 마시며 살아온 꿈길

같은 시간이었습니다. 맨 처음에 암송한 말씀은 요한복음 15장이었습니다. 총 27절을 다 외우는 데 꼬박 6개월이 걸렸어요.

요한복음 15장을 선택한 이유는 "나는 참포도나무요 내 아버지는 농부라"(요 15:1)라는 말씀으로 시작하여 "너희도 처음부터 나와 함께 있었으므로 증언하느니라"(요 15:27)라는 말씀으로 끝날 때까지 숨 쉴 틈 없이 박진감 넘치게 이어지는 예수님의 사랑의 말씀이 내 마음을 강하게 사로잡았기 때문입니다. 그래서 성경암송의 첫 도전으로 요한복음 15장 전체를 어지간히 끈질기게 암송했습니다.

어떤 날은 잠자리에서 새벽 4시까지 암송하다가 자리에서 일어나 새벽예배에 가기도 했습니다. 성경을 즐겨 암송하고 묵상하는 자그마한 행복을 모든 이웃과 함께 나눌 수 있기를 소원하면서요.

내가 주의 법을 어찌 그리 사랑하는지요 내가 그것을 종일 작은 소리로 읊조리나이다 시 119:97

하나님의 직통 전화

바쁜 회사 업무를 수행하면서도 주일 낮예배, 저녁예배, 새벽예배를 비롯해서 수요예배, 금요철야예배까지 열심히 참석했습니다. 말씀을 향한 갈급함이 컸기에 많은 은혜를 누렸고, 기쁨과 감사가 넘치는 신앙생활을 이어갔지요.

그러던 어느 날, 김용기 장로님의 자서전《가나안으로 가는 길》을 읽었습니다. 당시 나는 탐구당 출판사의 부사장으로서 정직한 세무 장부를 만들지 못한 채 사업을 하는 죄책감에 눌려있었습니다. 그런데 하나님 중심의 부지런함과 정직과 성실로 가나안농군학교를 설립한 그의 삶은 내게 큰 감동을 주었습니다. 그를 본받아 부끄러움 없이 정직하게 '하나님 중심의 출판'을 해보리라는 결심을 하고 1978년 7월 1일에 기독교 출판사인 '규장문화사'를 차려 독립했습니다. 그리고 그때부터 인생의 쓴맛을 보았지요.

무식하면 용감하다는 말이 있습니다. 출판사 경영이 어렵다는 건 익히 들어서 알고 있었지만, 그 말은 지혜 없고 부정직한 사람들에게만 해당하는 건 줄 알았습니다. 오직 하나님을 믿고 정직하고 성실하게 행하면서 기도로 솔로몬의 지혜를 구하는 사람에게는 문제될 게 없다고 여겼지요.

이런 믿음으로 눈덩이처럼 불어나는 고리채를 감당하면서도 양심을 지키며 기독 출판에 온 힘을 기울였습니다. 캄캄한 고난 속에서도 시편과 복음서와 바울 서신을 암송하고 묵상하며 기적 같은 하나님의 도우심으로 10년의 암흑 터널을 통과할 수 있었던 것은 평생의 감사 거리입니다.

나의 심지를 굳게 잡아준 성경 말씀은 바로 '로마서 8장 28절'이었지요. 이 말씀이 너무 좋아서 규장의 모든 간행물 판권에 '규장 수칙 일곱 가지'와 '롬팔이팔'(로마서 8장 28절)을 명기했고, 내가 경영 일선에서 물러난 후에도 아들이 이 약속을 지켜나가고 있습니다.

우리가 알거니와 하나님을 사랑하는 자 곧 그의 뜻대로 부르심을 입은 자들에게는 모든 것이 합력하여 선을 이루느니라 롬 8:28

전화위복, 일체유심조와 같은 긍정적인 생각들은 그 주체가 불완전한 인간이라는 공통점이 있지만, '롬팔이팔'은 그 주체가 절대자 하나님이십니다. 그런 뜻에서 모든 크리스천이 롬팔이팔로 긍정적인 삶을 살며 이를 세상에 알렸으면 좋겠습니다.

출판사 문을 열자마자, 나는 김용기 장로님을 찾아가서 내 소신을 말씀드렸습니다.

"《가나안으로 가는 길》은 장로님 스스로 쓰신 책이니, 이제는 제삼자가 본 가나안농군학교에 대해 세상에 알리는 게 좋을 것 같습니다."

장로님은 흔쾌히 동의해주셨고, 나는 한 크리스천 작가에게 의뢰하여 객관적 서술 형태로 《이것이 가나안이다》를 출간했습니다(현재는 절판). 책이 나오자마자 여러 일간지 1면에 연이어 광고를 실었고, 그 영향으로 주문이 쇄도하여 중판을 거듭했습니다. 결국 베스트셀러가 되어 신바람 나게 책을 찍어 서점에 공급했지요.

하지만 수금이 잘되지 않은 데다 값싼 단행본 한 권을 내놓고 과다

하게 광고료를 지출하여 적자를 보고 말았습니다. 앞으로 남고 뒤로 밑지는 장사를 한 셈이었지요. 얼마 안 되는 자본금이 금세 동나고 계속 고리대금을 얻다 보니 수익으로 이자 갚기에 급급했습니다. 부채는 날로 늘어만 가고, 하루하루를 넘기기가 너무 힘들었지요.

그때 옛 직장 동료가 찾아왔습니다. 그리고 은혜가 충만한 얼굴로 기쁜 소식을 전해주었습니다. 어떤 외국인 선교사의 설교를 듣던 중 '하나님의 직통 전화번호'인 'JER 333'을 알게 되었다는 거였어요. 그것은 예레미야서(Jeremiah) 33장 3절 말씀이었습니다. 순간, 나는 하나님께서 나를 위해 예비하신 말씀이라 믿고 그 자리에서 성경을 펼쳤습니다.

> 너는 내게 부르짖으라 내가 네게 응답하겠고 네가 알지 못하는 크고 은밀한
> 일을 네게 보이리라 렘 33:3

나는 목마른 사슴이 시냇물을 찾은 심정으로 그 말씀을 읽고 또 읽으면서 외워버렸고, 반복해 암송하는 동안 날아갈 듯 기뻤습니다. 내가 얼마나 기뻐했는지 동료가 은연중에 부러워하는 눈빛을 보내며 말했습니다.

"하나님의 직통 전화번호를 전한 사람은 나인데, 은혜는 당신이 받는구려."

하나님께서는 믿음의 초년생인 나를 긍휼히 여기사 친구를 통해 귀

한 약속의 말씀을 가슴 깊이 간직하게 하셨습니다. 그리하여 눈앞의 어려움을 극복하게 하셨을 뿐 아니라, 이후에도 수많은 환난의 때를 소망의 기쁨으로 이겨내게 하셨지요.


### 불에 타버린 서고

어느 해 겨울, 아침에 출근하자마자 안 좋은 소식이 들려왔습니다. 우리 사무실은 인사동에, 서고는 신설동에 있었는데 서고가 있는 건물에 밤새 화재가 발생했다는 것이었습니다. 눈앞이 캄캄했습니다.

'큰일 났구나. 빚과 이자는 날로 늘어가는데 찍어놓은 책마저 다 타버렸다니…'

곧장 달려가 알아보니 작은 서고 바로 옆방에서 불이 난 거였습니다. 서고 바닥에는 전날 밤 소방대가 뿌린 물이 홍건했고, 책 위에는 검은 재가 1센티미터 정도 쌓여있었습니다. 불행 중 다행으로, 작은 서고와 멀리 떨어져 있는 큰 서고는 화를 면했지요.

마침 소방관과 경찰관이 화재 현장을 사진으로 찍고 있었습니다. 나는 우리 서고도 찍기를 원했지만, 그들은 오직 옆방만 찍었습니다. 옆방은 괘종시계를 할부로 판매하는 곳이었습니다. 전날 저녁 판매원들이 늦게까지 앉아있다가 전기방석의 코드를 꽂아둔 채 퇴근했고, 그것이 과열되어 불이 난 거였지요. 괘종시계 사업주는 신통한 대책도 없이 현장에서 떨고만 있었습니다.

나는 그의 명함만 받아서 회사로 돌아왔습니다. 그러나 하늘이 무너져 내리는 것 같은 절망감을 이겨낼 도리가 없었지요. 오전이라 손님이 없는 동네 목욕탕에 가서 땀과 눈물로 범벅이 된 채 기도했습니다.

'하나님, 이 일을 어쩌면 좋습니까? 긍휼히 여겨주옵소서!'

하나님의 침묵에 나는 얍복 강가의 야곱처럼 더욱 간절히 매달리며 "주여! 주여!" 하고 외쳤습니다. 그러다 어느 순간, 정신이 번쩍 들었습니다. 평소에 즐겨 암송하며 묵상하던 말씀이 떠오른 것입니다.

'하나님을 사랑하는 자 곧 그의 뜻대로 부르심을 입은 자들에게는 모든 것이 합력하여 선을 이루느니라!'

속으로 말씀을 암송하는데 이런 음성이 들리는 듯했습니다.

'두 서고가 다 타버릴 수도 있었단다. 서고 하나가 물세례를 받았지만, 바닥에 있는 책만 못 쓰게 되었고 나머지 책들은 잘 손질하면 닦아서 쓸 수 있게 했단다. 그런데 너는 왜 낙심만 하고 감사할 줄은 모르냐?'

나는 그 자리에 무릎을 꿇고 마음의 고백을 올려드렸습니다.

"감사합니다, 하나님! 주님의 뜻을 깨닫게 해주셔서 감사합니다!"

감사로 하나님께 제사를 드리며 지존하신 이에게 네 서원을 갚으며 환난 날에 나를 부르라 내가 너를 건지리니 네가 나를 영화롭게 하리로다 시 50:14,15

회사로 돌아올 때는 근심에 휩싸여 있었지만, 목욕탕에서 나올 때는 하나님의 말씀에 힘입어 감사하는 마음이 가득했습니다. 나는 시계 회사 사장에게 전화를 걸었습니다.

"화재의 책임을 묻지 않을 테니 지금은 재기할 일만 생각하세요."

그는 울먹이는 목소리로 말했습니다.

"장로님, 너무나 감사하고 죄송합니다. 제가 가까운 시일 안에 꼭 찾아뵙겠습니다."

그리고 얼마 뒤 그에게서 전화가 걸려 왔습니다. 같은 건물에 세 들어 피해를 본 회사들에게 달리 배상할 길이 없어서, 재고로 집에 보관하고 있던 괘종시계를 나눠주는 중이라고 했습니다. 그런데 내게 주려고 50개를 남겨두었는데 다른 사람들이 가져가고 있으니 빨리 오라고 했습니다.

처음에는 사양했지만 그렇게라도 보상하고 싶어 하는 마음에 감동하여 직원을 보냈더니 이미 절반은 다른 사람들이 가져가 버린 뒤였고, 남은 절반만 받아올 수 있었습니다.

나는 시계를 거래처와 직원들에게 나눠주고 우리 집에도 하나 걸었습니다. 고풍 창연해서 골동품 같은 멋을 내는 그 시계에 매달 한 번씩 태엽을 감아줄 때면 그때의 추억이 떠오르곤 합니다.


## 송이꿀보다 단 말씀의 은혜

성경을 암송하는 일은 더없는 기쁨이요 보람입니다. 진리의 말씀, 생명의 말씀을 평생 내 마음속에 새기고 살 수 있기 때문입니다.

어릴 때 구구단을 외우는 수고가 결코 적지 않지요. 그러나 한번 외운 구구단은 평생에 걸쳐 삶을 편리하게 해줍니다. 하물며 하나님의 말씀을 외우는 것을 구구단에 비하겠습니까.

문제는 암송하는 데 드는 수고가 너무 크다는 것입니다. 성경을 외우려고 하면 우선 그 분량의 방대함에 압도당하고 말지요. 그래서 아예 암송을 시도조차 하지 않는 경우가 많습니다. 그러나 하나님의 말씀을 사모하는 사람은 읽는 것으로 만족해서는 안 됩니다.

나는 대학생 때 도시 외곽의 한적한 지역에 살았는데, 아침 산책을 하면서 10여 행 되는 영시(英詩)를 거뜬히 암송하곤 했습니다. 그러나 예수님을 믿기 전이던 삼십 대에 담배를 매일 세 갑씩 피우느라 기억 세포가 다 소멸되었는지 기억력이 급격히 나빠졌습니다.

가끔은 집 전화번호를 잊어버리기도 하고, 처음 만난 사람과 통성명을 하며 악수한 뒤 손을 놓자마자 상대의 이름을 기억하지 못하는 경우도 빈번합니다. 마치 칠판 글씨를 지우개로 싹 지운 것처럼 머릿속에서 깨끗이 사라져버리지요.

그럼에도 주님께서 말씀을 사모하는 마음을 주셔서, 예수님을 믿기 시작한 사십 대부터 지금까지 감동 받는 말씀을 대하면 그 자리에서 바로 암송하고 싶은 생각부터 듭니다.

암송에는 여러 가지 방법이 있습니다. 어떤 사람은 연상법(聯想法)을 써서 암송하기도 하고, 어떤 이는 여러 번 보고 쓰면서, 또 어떤 이는 정신을 집중하여 여러 번 읽으면서 암송하기도 합니다. 어떤 사람은 시끌벅적한 곳, 어떤 사람은 조용한 곳에서만 암송이 잘된다고도 말합니다. 가만히 앉거나 방 안을 빙빙 돌면서 암송하는 사람도 있습니다.

나는 언제부턴가 성경을 읽다가 암송하고 싶은 마음이 생기면 메모지나 종이쪽지에 말씀을 작은 글씨로 옮겨 쓰는 습관을 갖게 되었습니다. 그 종이를 가지고 길을 가거나 차를 기다리면서 혹은 식당에서 밥이 나오길 기다리면서 성경 구절을 암송합니다. 잠자리에서 암송하다가 잠들기도 하고, 밤중에 잠이 깨면 다시 암송을 이어가기도 합니다.

암송하는 구절이 많건 적건 간에 새로 암송하는 말씀은 껄끄럽기 이를 데 없지요. 또 외운 성경 구절인데도 아무리 노력해도 떠오르지 않을 때가 있습니다. 그럴 때면 메모지를 주머니에서 꺼내 보고 다시 기억을 더듬으며 한 번, 두 번, 다섯 번, 열 번, 어떤 때는 스무 번까지도 반복 연습합니다.

그러는 동안에 말씀 안에 감춰진 비밀이 섬광처럼 머리를 스쳐 지나가기도 하고, 영혼 속에서 일어나는 역사를 통해 새로운 은혜를 받기도 합니다.


요한복음 15장 전장을 암송하고부터 내 머릿속은 온통 예수님 말씀에 대한 생각으로 가득 찼습니다. "너희가 내 안에 거하고 내 말이 너희 안에 거하면"이라는 말씀이 꼭 나를 향한 말씀인 것 같아 얼마나 행복했는지 모릅니다.

너희가 내 안에 거하고 내 말이 너희 안에 거하면 무엇이든지 원하는 대로 구하라 그리하면 이루리라 요 15:7

모든 말씀이 내 입에 송이꿀처럼 달았고 많은 순금보다 더 존귀해졌지요.

여호와를 경외하는 도는 정결하여 영원까지 이르고 여호와의 법도 진실하여 다 의로우니 금 곧 많은 순금보다 더 사모할 것이며 꿀과 송이꿀보다 더 달도다 시 19:9,10

## 하나님이 알려주신 암송 비법

암송의 은혜를 누리던 중 스스로 더욱 고무되는 사건이 있었습니다. 어느 해에 청주 CCC(한국대학생선교회)의 초청을 받고 강의하러 갔다가 나보다 먼저 강단에 선 시각 장애를 가진 장로님의 간증을 들었습니다. 한센병으로 시력을 잃은 분이었는데, "신구약을 다 암송하시는 장로님"이라는 사회자의 소개에 귀가 번쩍 뜨였습니다.

그는 어릴 때부터 CCC 총재인 김준곤 목사님과 함께 한 동네에서 '두 재동'(才童)이라는 말을 들으며 자랐다고 했습니다. 그러면서 만일 자기가 젊어서 한센병에 걸리지 않았다면 세상 성공을 향해 잘못된 길로 갔을지도 모르는데, 지금은 시력을 잃고 손가락도 다 없어졌지만 성경 말씀에 은혜받으며 늘 감사한 마음으로 살고 있다고 간증했습니다.

나는 그의 말에 적잖이 놀랐습니다. 그리고 무엇보다 그가 성경을 암송하게 된 동기를 말할 때 큰 도전을 받았습니다. 나환자촌에서 사는 사람들은 손가락이 없어도 낮에는 밭에 나가 일한다고 합니다. 그런데 시각 장애인들은 아무 일도 할 수 없기에 그동안 자기들끼리 성경 암송 시합을 하기로 했답니다.

한 사람이 암송하다가 틀리면 다른 사람이 바통을 이어받는데, 말씀이 떠오르지 않으면 생각할 시간도 주었다고 했습니다. 그렇게 차츰 모두가 잘하게 되자 '완행열차 암송 대회'에서 '급행열차 암송 대회'로 바뀌었습니다. 즉, 암송자가 조금이라도 지체하면 다른 사람이 이어받아 암송하는 것입니다. 이렇게 하는 동안에 신약성경을 다 외우고 구약성경도 요절은 다 외우게 되었다고 했습니다.

나는 그 간증을 잊을 수가 없습니다. 신약 전체와 구약의 창세기, 출애굽기, 신명기, 시편, 잠언, 이사야서를 모두 암송한다는 그의 말은 내 마음에 큰 꿈을 심어주었습니다.

그때 결심했지요.

'비록 저 장로님같이 하진 못해도 내가 좋아하는 말씀을 할 수 있는 한 최선을 다해 암송해야겠구나.'

내 마음이 확정된 것입니다.

하나님이여 내 마음이 확정되었고 내 마음이 확정되었사오니 내가 노래하고
내가 찬송하리이다 내 영광아 깰지어다 비파야, 수금아, 깰지어다 내가 새벽
을 깨우리로다 시 57:7,8


그의 간증을 통해, 암송할 때는 급행열차처럼 빠른 속도로 말해야
한다는 지혜를 얻었습니다. 그리고 함께 모여서 하면 더욱 잘된다는
것도 깨달았지요. 어쩌면 그때부터 암송 교육에 뜻을 품었는지도 모
릅니다. 하나님께서는 그렇게 도전을 받은 나를 그분의 정확하신 계획
안에서 '암송 마니아'가 되도록 인도하셨습니다.

당시 우리 교회에는 '믿음의 불덩어리'라고 불리는, 양봉하는 장로님
이 있었습니다. 하루는 그와 대화하던 중에 꿀벌이 먼 곳에 핀 꽃의 꿀
을 따러 날아갈 때의 원리를 들었습니다. 꿀벌은 먼 곳까지 단번에 날
아가지 않고 조금씩 거리를 늘리면서 왕복을 거듭하다가 마침내 목적
지에 이른다고 했지요.

그 원리는 선배 벌에게서 배운 것도 아니요, 훈련을 받아 아는 것도
아닙니다. 오직 하나님이 주신 유전자에 의해 본능적으로 그렇게 하는
것입니다. 나는 대화 중에 깨달았습니다.

'바로 이거다. 하나님이 꿀벌에게 주신 지혜를 성경암송에 적용하면
되겠구나!'

하나님은 시각 장애 장로님과 양봉하는 장로님을 통해 암송 비결을
가르쳐주셨습니다.

## 꿀벌에게 배운 하니비 암송법

암송의 제1비법은 혀와 입술을 빨리 움직이는 것입니다. 벌은 몸통에 비해 작은 날개를 갖고 있기에 날개를 빨리 움직여야만 날 수 있습니다. 성경암송도 마치 꿀벌이 날개를 빠르게 움직이듯이 혀와 입술을 빨리 움직여 급행열차처럼 암송해야 합니다. 구구단을 외울 때도 빨리빨리 읊지 않던가요? 생각하지 않아도 말씀이 입에서 튀어나올 수 있을 때까지 반복 연습하면, 짧은 시간 안에 많은 구절을 암송할 수 있을 뿐 아니라 그 말씀이 마음속 깊이 새겨집니다.

암송의 제2비법은 짧게 끊어 반복하는 것입니다. 성경을 암송할 때 긴 문장을 한꺼번에 외우기는 여간 힘든 일이 아닙니다. 하지만 한 토막씩 짧게 나누어 반복해서 암송하면 다섯 번, 열 번 되풀이하는 사이에 말씀이 저절로 입에서 흘러나오게 됩니다.

그래서 나는 긴 문장을 몇 토막으로 나누어 암송하기 시작했습니다. 먼저 첫 토막을 빠르게 소리 내어 암송하고, 익숙해지면 다음 토막을 똑같이 하고, 다시 익숙해지면 첫 토막과 두 번째 토막을 이어서 암송합니다. 그런 다음 이어지는 세 번째 토막을 암송하고, 거기에 이미 암송한 두 토막을 붙여서 암송하면 아무리 긴 구절이라도 거뜬히 암송할 수 있지요.

이렇게 습관을 들이면 웬만한 문장은 힘들이지 않고 암송할 수 있습니다. 실제로 이 방법으로 말씀을 암송하면서 받은 은혜가 정말 컸습니다. 그래서 이를 '하니비(honeybee) 암송'이라 명명하고 보급했지요.

우리말을 두고 왜 외국어를 쓰느냐고 묻는다면 이렇게 답하고 싶습니다. 내가 일찍이 전도 대상자에게 〈사랑의 편지〉를 보내는 '이슬비 전도법'을 보급하기 시작하자 여러 이름의 전도법이 나오는 와중에 '꿀벌 전도법'도 생겨났습니다. 그래서 그것과 혼동할 걸 염려하여 '하니비'라 칭한 것입니다.

## 암송의 즐거움과 보람

내가 절실히 느끼는 게 하나 있습니다. 하나님의 말씀은 암송하는 사람의 마음가짐에 따라 달게 느껴지기도 하고, 쓰게 느껴지기도 한다는 것입니다.

성경 말씀은 신령하기에 그것을 진실히 사모하는 사람에게는 생명의 말씀, 진리의 말씀, 권능의 말씀이요, 꿀보다 달고 황금보다 존귀한 말씀의 참맛을 깨닫게 합니다. 반면 인간적인 욕심이나 순수하지 못한 동기로 암송하려는 사람에게는 말씀이 어렵고 껄끄럽고 부담스럽고 혼란스럽게 다가올 수밖에 없습니다.

자신의 심령이 맑고 깨끗할 때와 전혀 그렇지 않을 때, 똑같은 말씀을 달리 느낀 경험이 모두 있을 것입니다. 어느 누가 하나님 앞에서 거짓된 마음을 품을 수 있겠습니까? 하나님은 우리가 어떤 마음 자세로 성경암송에 임하는지를 훤히 아십니다. 그분은 깨끗하며 진심 어린 마음을 가진 사람에게만 응답하십니다.

여호와여 주께서 나를 살펴보셨으므로 나를 아시나이다 주께서 내가 앉고 일어섬을 아시고 멀리서도 나의 생각을 밝히 아시오며 나의 모든 길과 내가 눕는 것을 살펴보셨으므로 나의 모든 행위를 익히 아시오니 여호와여 내 혀의 말을 알지 못하시는 것이 하나도 없으시니이다 시 139:1-4

깊도다 하나님의 지혜와 지식의 풍성함이여, 그의 판단은 헤아리지 못할 것이며 그의 길은 찾지 못할 것이로다 롬 11:33

성경 말씀의 오묘함에 한 번 빠져들면 무엇보다 말씀을 내 안에 모셔 들이는 일에 힘쓰게 됩니다. 말씀을 묵상하는 즐거움에 도낏자루 썩는 줄 모르게 되지요. 그러면 누가 시켜서가 아니라 스스로 지혜를 짜내고 시간을 마련하여 말씀을 암송하고 묵상하는 생활을 하게 됩니다. 성경암송이 습관이 되고 체질이 되고 나아가 생활이 되는 거지요.

하루 이틀은 누구나 할 수 있지만, 바쁜 세상에 어떻게 365일을 한결같이 할 수 있냐고 말할 수도 있을 것입니다. 혹은 '여운학 장로같이 생활에 여유가 있고 기억력이 좋아서 암송할 수 있는 사람이라야 가능한 일 아니냐'라고 반문할 수도 있습니다. 그러나 전혀 그렇지 않습니다. 나 또한 시간의 여유가 많은 것도 아니며, 더 나아가 나는 건망증 환자이기 때문입니다.

나의 암송 생활의 산증인은 바로 아내입니다. 권사이자 동갑내기인 아내는 내가 자나 깨나 들어가나 나오나 암송 쪽지를 만드는 일과 그것을 가지고 다니는 모습을 늘 봐왔습니다.

전에 섬기던 교회에서 나와 함께한 장로들조차 내가 머리가 좋아서 말씀을 잘 외우는 거라고 말하곤 했습니다. 그럴 때마다 나는 아내에게 물어보라고 했지요. 그렇지 않음을 알게 될 거라는 뜻으로요.

말씀을 사랑하는 사람은 많습니다. 그러나 많은 시간을 투자해 말씀을 외우려는 사람은 찾기 힘듭니다. 어쩌다 있어도 매일 반복하며 연습하는 이가 없습니다. 많은 기독교인이 원하는 성경암송은 하지 않고 도리어 원치 않는 삶, 곧 성경암송을 멀리하는 삶을 사는 것 같습니다.

> 내가 원하는 바 선은 행하지 아니하고 도리어 원하지 아니하는 바 악을 행하는도다 롬 7:19

우리는 성경암송을 습관화하여 체질화해야 합니다. 나아가 성경암송의 생활화를 이루어야 합니다. 눈물을 흘리며 씨를 뿌려야만 기쁨으로 거두는 법입니다. 꿈을 품고 기쁨으로 씨를 뿌리면 더 큰 기쁨을 거두게 될 것입니다.

> 눈물을 흘리며 씨를 뿌리는 자는 기쁨으로 거두리로다 울며 씨를 뿌리러 나가는 자는 반드시 기쁨으로 그 곡식 단을 가지고 돌아오리로다 시 126:5,6

사명감을 가진다면 성경암송의 습관화, 체질화는 결코 어려운 일이 아닙니다. 우리가 꼭 알아야 할 것은 성경암송이 말씀의 생활화를 위한 필수 과정이라는 사실입니다. 말씀의 기쁨과 즐거움을 누리게 됨은 물론이고 날로 그 능력이 향상되는 것을 깨달아 성경암송을 향해 계속 나아가게 됩니다.

내가 주의 법을 어찌 그리 사랑하는지요 내가 그것을 종일 작은 소리로 읊조리나이다 시 119:97

## 지속이 관건

나는 다섯 아들을 둔 아버지입니다. 아이들이 어렸을 때는 방학 때마다 새벽예배에 데리고 다니며 성경암송을 시켰습니다. 버스를 타고 가는 약 5분 사이에 아이들은 성경 한두 절을 거뜬히 따라 외웠지요. 내려서 교회까지 걷는 5분 동안 이를 반복하게 하면 제법 술술 읊었습니다. 하지만 내가 느끼는 기쁨과는 달리 아이들은 은근히 나를 피하려 들었습니다.

다섯 아들이 고등학교를 마치고 대학에 들어가 주일학교 교사가 되었을 때, 내가 물었습니다.

"아이들을 어떻게 가르치니?"

"성경암송을 집중적으로 가르쳐요."

반가움이 앞섰지만, 한편으로 어이가 없었습니다.

"너희들은 암송을 안 하려고 요리조리 피하더니 무슨 마음이 내켜서?"

그러자 한 아들이 이렇게 말했습니다.

"아버지한테 배운 성경암송밖에 머릿속에 남아있는 게 없어서요."

말은 그렇게 하면서도 막상 내가 새로운 말씀을 암송하자고 하면 아들들은 슬슬 피했습니다.

1990년대에 들어서면서 나는 가족뿐만 아니라 여러 사람에게 암송 훈련을 시켰습니다. '이슬비장학회'를 설립하여 성경암송을 우선순위로 하는 목회를 이끌어갈 목회자를 양성했으며, '이슬비성경암송학교'(현재 303비전성경암송학교) 유니게 과정과 지도자 과정을 개설하여 크리스천 부모와 교회 지도자에게 성경암송 훈련을 실시했습니다. 또 '303비전 말씀태교학교'와 '교사아카데미'를 열어 성경암송의 생활화를 위해 힘썼습니다.

나는 참여자들에게 성경암송의 효과적인 방법인 하니비 암송법을 알려주며 누구나 성경암송을 할 수 있도록 길을 열어주었지만, 교육을 마친 후에도 지속적으로 암송을 생활화하는 사람은 찾아보기 힘들었습니다.

"왜 좀 더 일찍이 이런 기쁨을 맛보지 못했을까요?"

"새로 태어난 듯한 신선하고 황홀한 감격을 무엇으로 표현할 수 있을까요?"

이렇게 감탄하며 성경암송과 사랑에 푹 빠진 사람들조차 몇 달 혹은 몇 해가 지나면 옛 생활로 돌아가곤 했습니다. 나는 안타깝다 못해 깊은 슬픔과 아픔을 느꼈습니다.

'왜 암송을 독자적으로 즐겨 습관화하고 생활화하는 경우가 이처럼 드문 것일까? 성경암송을 스스로 이어갈 확실한 방법은 없을까?'

사람과 환경에 따라 차이가 있을 수 있지만 보편타당한 왕도가 반드시 있을 것으로 생각했습니다.


## 나의 스승님들

감사하게도 나는 많은 스승님의 은혜로 어떤 환경에 처하든지 항상 꿈을 잃지 않고 행복하게 살 수 있었습니다.

가장 먼저 생각나는 분은, 김기창(金基昌) 선생님입니다. 광복 직후인 중학교 1학년 때 담임선생님이셨지요. 당시 사십 대로 국사와 원예를 가르치셨던 선생님은 내게 사랑과 칭찬을 아낌없이 쏟아주셨습니다. 덕분에 나는 시골 농업학교를 다니면서도 자중심(自重心)을 가질 수 있었지요.

여름과 겨울방학이면 필수 과제로 일기를 써야 했는데, 개학일이 다가오면 벼락치기로 평소에 읽었던 세계위인전을 떠올리며 "나도 손문 선생과 같은 인물이 되고 싶다" 식으로 써내곤 했습니다. 그러면 선생님은 내 일기장에 큼직한 글씨로 칭찬과 격려의 글을 꼭 써주셨습니다.

"네가 장차 위대한 인물이 될 것을 선생님은 믿는다."

벼락치기로 쓴 일기인 줄 다 알면서도 모르는 체하며 격려문을 써주셨지요.

또한 중학 시절의 송재형(宋在衡) 교장 선생님의 은혜도 말할 수 없이 큽니다. 영동농업학교 학생 500명에게 월요일 조회 시간마다 인생훈을 열정적으로 강론하시며 농촌 학생들의 꿈을 키워주셨습니다.

그 훈화는 민감한 사춘기 시절의 우여곡절 가운데 큰 지침이 되었습니다. 고2 때 6·25사변을 만나 아버지를 여의고, 1·4후퇴 때 화물열차에 올라타서 홀로 부산으로 내려가 온갖 세파를 이겨내며 독학으로 대학에 입학할 수 있었던 것은, 그 훈화에서 얻은 지혜 덕분이었습니다.

대학 시절, 잊지 못할 스승님은 서울대 사대 물리과 주임 황득현(黃得鉉) 교수님입니다. 부산 피난 시절의 부조리 속에서 나는 고학하며 번 돈으로 고등학교 1년분의 수업료를 일시에 지불하고 고등학교 졸업장을 샀습니다. 이 모든 사실을 구두 시험장에서 황 교수님에게 실토했고 대학에 입학만 시켜주신다면 열심히 공부하겠노라고 말씀드렸지요.

당시는 미국 학제를 따라 가을 신학기제였습니다. 한여름에 부산 동대신동 운동장에 천막을 치고 앉아 선풍기도 없이 용광로 같은 막사 안에서 교수님과 일대일로 한 시간 동안 구두시험을 치렀습니다.

쉬운 미적분 문제를 내주시면 쉽게 정답을 썼습니다. 그러면 교수님은 조금 어려운 미적분 문제를 제시하셨지요. 나는 땀을 뻘뻘 흘리면서 문제를 풀었지만 결국 풀지 못했습니다. 야간 강습소에서 단 3개월간

미적분을 배운 게 전부였기 때문입니다.

황 교수님은 "이놈을 떨어뜨려야 하나? 떨어뜨리자니 좀 아깝기도 하고 불쌍하기도 한데…" 하며 긴 시간을 망설이셨습니다. 반면 다른 수험생들은 1분도 채 되지 않아 시험장 밖으로 나왔습니다. 그 후에 화학과, 생물과, 사회과, 가정과, 교육과, 체육과 등 다른 과는 30명의 합격자 명단이 발표되었는데 물리과는 단 2명이었고, 거기에 내 이름이 있었습니다.

나중에 안 사실이지만, 교수님은 당시 서울대 의대에서 독어를 강의하셨는데, 의예과에 낙방한 학생 중에 제2지망을 물리로 택한 28명을 사대 물리과로 끌어온 덕에 평균 실력이 다른 과에 비해 꽤 높은 편이었다고 들었습니다.

그 후, 나는 교수님 댁에 자주 놀러 가서 사랑도 많이 받았습니다. 서가에 꽂혀 있던 일본어로 된 500쪽이 넘는 《力學》(역학)을 선물 받아 혼자 학습하는 데 도움을 얻기도 했습니다. 한편, 나도 학생의 입장에서 교수님의 수업 방식에 작은 도움을 드리기도 했지요. 학생들이 떠들건 말건 아랑곳하지 않고 강의만 열심히 하고 마치시는 게 안쓰러워서 이렇게 말씀드렸습니다.

"교수님, 강의 도중에 가끔 학생을 지목하여 세우고 질문을 하세요. 그러면 정신을 바짝 차려서 강의를 잘 들을 거예요."

그 후부터 수업 분위기가 확 변했습니다.

생각할수록 감사하고 그리운 스승님들이 많습니다. 그 가운데서도 암송에 도전을 주신 분들을 생각하면 얼마나 감사한지요. 중학 시절, 여름과 겨울방학에 《중용》과 《대학》을 가르쳐주신 아버지는 나의 가장 큰 스승님이셨습니다.

두 책을 뗐다는 것은 다 외웠다는 뜻입니다. 분량이 성경처럼 많진 않았지만, 일단 원문을 외우되 막힘없이 암송한 다음에 그 넓고 깊은 뜻을 배우고 묵상하는 것이 한문 학습의 원리입니다. 이런 암송 훈련이 일찍부터 몸에 밴 덕에 나는 성경을 즐겨 암송했고, 스스로 개발한 하니비 암송법으로 1만여 명(2019년 기준)에 이르는 젊은 엄마들을 가르쳤습니다. 그리고 그런 엄마들에게 암송 교육을 받은 자녀들이 수만 명에 이릅니다.


## 인생을 이끌어준 멘토들

예수님을 구주로 영접한 이후, 나의 인생 후반 45년의 4대 멘토는 단연 김용기 장로, 장기려 박사, 한경직 목사, 도산 안창호 선생입니다.

앞의 세 분과는 대화를 직접 나누면서 보고 들은 교훈과 그 분들의 글과 삶을 통해 배우고 깨달은 바가 큽니다. 도산 안창호 선생은 이광수와 주요한이 쓴 그 분의 전기를 읽고 감명을 받아 그의 사상과 삶을 내 삶에 적용하려고 노력했습니다.

김용기 장로를 생각하면 일제의 극심한 핍박 속에서도 흔들리지 않은 확고한 믿음, 민족 구원에 대한 투철한 사명감, 부지런한 신행일치의 삶이 떠오릅니다.

장기려 박사를 생각하면 정금 같은 순수한 믿음, 가난한 자를 향한 지극한 사랑, 천부적인 겸손함과 희생적인 베풂의 삶이 떠오릅니다.

한경직 목사를 생각하면 지극한 사랑과 겸손과 헌신과 믿음, 전쟁 중 난민과 과부와 고아들을 위한 구제와 보호, 십자가의 도를 삶으로 보여주는 리더십이 떠오릅니다.

도산 안창호 선생을 생각하면 지혜와 희생을 통한 애국의 삶, 정직과 사랑, 후세대 양육, 거시적이면서 현실적인 교육 비전, 상해 대한민국 임시정부의 수립과 흥사단 운동이 떠오릅니다.


먼저 김용기 장로는 안창호 선생의 이상촌 구상을 국내에 이루어냈습니다. 기독교 농민운동에 뜻을 품고 경기도 양주에 '봉안 이상촌'을 세워 '민족생활 갱신운동'을 벌였지요.

일제가 공출이라는 이름으로 착취하는 벼농사를 전폐하고 공출 대상이 아닌 고구마와 잡곡들만 농사지어 1년 내내 고구마로 주식을 삼았습니다. 그는 고구마를 12개월 동안 안전하게 저장할 수 있는 저장법을 창안하기도 했지요. 지금도 그가 세운 농군학교에 가보면 고구마 저장고를 볼 수 있습니다.

가나안농군학교에 있는 그의 사택의 낮은 담에는 돌이 서있습니다. 견학생들에게 물었습니다.

"왜 돌을 세워놓으셨습니까?"

"게으른 자는 눕기를 좋아한다. 세워진 돌을 보고 도전받아 부지런히 일하는 우리가 되어야 하지 않겠는가?"

'근로, 봉사, 희생'이 가나안농군학교의 교훈입니다. 한국의 새마을운동의 모델이 이 학교라는 사실은 자타가 공인합니다. 이슬비전도학교와 303비전성경암송학교도 이 학교의 설립 정신을 본받아 세워졌지요.

규장 도서의 판권마다 명시하고 있는 규장 수칙 일곱 가지도 김용기 장로의 하나님 중심의 실천적 신앙에서 큰 영향을 받았습니다. 그의 대표작인 《가나안으로 가는 길》은 수많은 영혼을 일깨운 책으로 유명합니다.


장기려 박사는 '한국의 슈바이처'로 불렸습니다. 그는 간 절제 수술의 세계적 권위자이면서 독실한 기독교 신자였습니다. 1·4후퇴 때, 부인과 네 남매를 북에 두고 막내아들만 데리고 남하하여 종신토록 혼자 살다가 소천했습니다.

피난지인 부산에서 후배 내과의 전종휘 박사와 천막을 치고 진료소를 세워 날마다 가난하고 긴급한 환자 수십 명을 무료로 목재 침대 위에서 수술했습니다. 그는 자신과 응급차 기사는 각각 2인분의 생활비를, 가족이 많은 전 박사는 가족 수에 따라 더 많은 생활비를 가져가게 했지요. 나중에 이 천막 진료소가 부산복음병원(현 고신대학교 복음병원)이 되었습니다.

이후 그는 청십자병원을 세워 환자들을 진료했는데, 약품을 구입할 돈이 떨어지자 당시 스웨덴 구급선 책임자가 선물한 종합비타민을 환자들에게 먹였는데 놀랍게 회복했지요. 이뿐 아니라 그가 가난한 피난민들을 수없이 살려낸 일화는 매우 유명합니다.

또 그는 스웨덴의 의료보험제를 과감히 도입하여, 보험에 가입하면 국산 담배 한 갑 정도의 보험료만으로 치료해주었습니다(한국의 의료보험제도가 청십자병원의 이 제도를 본받아 시작되었다고 합니다). 그러다가 결국 병원 운영비가 떨어지자 제자들로 구성된 병원 직원들이 고민 끝에 이렇게 호소했다고 합니다.

"선생님은 이제 환자의 병만 치료하시고 치료비에 관해서는 저희에게 일임해주세요. 그렇다고 저희가 무리하게 돈을 많이 받는 것도 아니잖아요."

장기려 박사의 바보스러울 정도로 착한 성품을 보여주는 일화가 생각납니다. 부산 청십자병원의 사무국장이 해준 이야기입니다. 장기 입원환자 중에 집이 가난하여 밀린 치료비를 낼 수 없어 애타는 환자들이 원장실에 찾아가 눈물로 사정을 말했다고 합니다.

"선생님, 퇴원하려 해도 병원비가 없어서…."

그러자 장기려 박사는 그 자리에서 사무직원을 불러 환자의 병이 다 나았으니 퇴원시키라고 지시했습니다. 이 소문이 퍼지자 돈이 있는 환자들도 앞다투어 원장실을 찾아가 눈물로 호소하는 일이 다반사가 되었다고 합니다. 이렇게 자꾸 병원비를 받지 않고 퇴원시키는 일이 잦아지자 병원 운영이 어려워졌고, 끝내 사무국장이 원장실을 찾아가 탄원했습니다.

"저희가 알아서 환자에게 결코 무례하게 하지 않을 테니, 퇴원 문제는 저희에게 맡겨주십시오."

"그리하십시오."

이후 장 박사는 자기의 주머니에서 돈을 꺼내주었습니다. 그러다 한번은 큰 수술을 하고 다 치유된 장기 입원환자가 그대로 병실에 있는 것을 보고 그를 원장실로 불러서 말했다고 합니다.

"농부인 당신이 여기 있으면 가족이 굶어 죽을 테니 밤중에 살짝 병원에서 도망쳐 나가서 농사를 열심히 지어 돈이 마련되거든 밀린 병원비를 가져오시오."

그러자 순진한 농부가 펄쩍 뛰면서 "벼룩도 낯짝이 있지 그렇게는 몬합니데이. 어찌 도망치라 하십니꺼?" 하며 눈물을 흘렸으나 결국 그는 밤중에 도망쳤고, 훗날 병원비 전액을 가져왔다는 마음 따뜻한 이야기가 전해집니다.

원장이 환자에게 야반도주하라고 권면하는 그 마음과 삶을 어찌하면 비슷하게나마 닮을 수 있을까요.


한경직 목사를 생각하면 따뜻한 사랑과 겸손한 천부의 권위와 약자를 향한 돌봄의 지도자상이 떠오릅니다.

한때 영락교회에 교인 등록을 한 가정에 초상이 나면 교회 경조부에서 책임지고 장례를 치르다 보니, 청계천 판잣집 피난민들 가운데 초상 직전에야 교회에 등록하는 사례가 늘었습니다. 그러자 담당 장로가 긴급 제안을 했습니다.

"목사님, 이제부터는 등록하고 1개월 이상 된 가정에 한해서 장례를 치러주는 것으로 해야겠습니다."

하지만 한 목사는 웃으며 "그대로 해줘요"라고 했다고 합니다. 또한 당회에서 한 사람이라도 반대하면 아무리 중요하고 긴급한 안건이라도 의결을 미뤘으며, 그 후 반대한 장로를 집으로 찾아가 이야기를 나누었습니다. 누군가가 "다수결로 의결하시면 될 텐데요"라고 하자 한 목사는 조용히 미소 지으며 "교회는 주 안에서 그저 화목한 것이 제일이야요"라고 말했다고 합니다.

나는 《아름다운 사람 한경직》을 출판하기 위해 그의 사택이 있던 남한산성을 자주 찾았습니다. 일을 마치고 나올 때마다 그는 마당까지 나와 따뜻한 미소로 작별 인사를 했고, 내가 멀리 보이지 않을 때까지 손을 흔들어주었습니다. 그 모습이 아직도 눈에 선합니다.

도산 안창호 선생은 나의 마지막 멘토입니다. 그의 정의돈수(情誼敦修) 곧 '사랑하기 공부'와 무실역행(務實力行) 곧 '진실을 생명으로 삼고 성실하게 일하며 언행이 일치하는 삶'을 강조하는 흥사단 정신은 규장 수칙과 '303비전'의 기본 철학이 되었습니다.

"목에 칼이 들어와도 거짓말은 하지 마라."

"꿈에 거짓말하였거든 깨어서라도 회개하라."

"사랑의 실천을 위해 배우고 익히는 훈련을 부지런히 하라."

"세계 열방의 도움으로 독립 국가가 된다 해도 국민의 기본 교양과 높은 도덕심과 애국적 결단이 없이는 나라를 유지해나갈 수 없다."

그의 정신은 오늘날 더욱 유효합니다. 안창호 선생은 종래의 지덕체(智德體)를 덕체지(德體智)로 바꾸어 불렀습니다. 303비전에서는 '신덕지체'(信德知體)를 내걸어 신앙과 인격과 지식과 몸 관리를 강조하는 인격 훈련의 4대 강령으로 삼습니다.


### 여호와를 기쁘시게 하는 믿음의 삶

나는 장기려 박사가 직접 써준 교훈 "주 안에서 바보 되고, 주 위하여 손해 보라"를 일찍이 가훈으로 삼고, 이후 303비전장학회의 표어로도 삼았습니다. 그런데 한 장학생이 이 말씀 때문에 억울함을 참느라 얼마나 힘들었는지 모른다고 한 말을 듣고, 수정해야겠다는 생각이 들었습니다. 그래서 "주 안에서 즐겨 바보 되고, 주 위하여 기뻐 손해 보라"로 보충 수정했지요.

억지로 참으며 바보 되고, 이를 갈며 손해 보는 것은 하나님의 뜻이 아니기 때문입니다. 물론 주 안에서 즐겨 바보 되고, 주 위하여 기뻐 손해 보기는 결코 쉬운 일이 아닙니다. 그럼에도 믿음의 사람이라면 그리 살아야 하지 않을까요!

어느 날, 오래전에 애용하던 세로쓰기 성경책에서 한 메모를 발견했습니다. 빌립보서 위 공간에 붉은 펜으로 이렇게 쓰여있었지요.

"그리스도인의 삶의 모습은 세상 사람들이 읽는 성경이다."

그렇습니다. 우리 믿음의 사람들은 성령의 도우심을 입어 주 안에서 즐겨 바보 되고, 주 위하여 기뻐 손해 보라는 인생훈을 가슴에 새기고 이를 지키며 살아야 합니다. 그래야 세상 사람들이 그 모습을 보고 하나님을 믿고 싶어질 것입니다.

> 사람의 행위가 여호와를 기쁘시게 하면 그 사람의 원수라도 그와 더불어 화목하게 하시느니라 잠 16:7

꿈이 없으면 나라도, 단체도, 개인도 희망이 없습니다. 꿈이 있는 곳에 생기가 있고 성장이 있습니다. 꿈이 있는 사람은 절망하지 않습니다. 노인이나 젊은이나 꿈이 있어야 살맛이 납니다. 몸은 백발이라도 꿈이 있으면 생기가 돌고, 젊은이라도 꿈이 없으면 죽은 몸이나 다를 바 없습니다.

그 꿈은 하나님을 기쁘시게 하는 진실한 꿈이어야 합니다. 오늘은 어제보다 낫고 내일은 오늘보다 나아지는 꿈, 오늘은 수고로워도 내일이 약속된 꿈이어야 합니다. 생산적이고 창조적인 꿈, 무에서 유를 일으키는 꿈, 지금은 어려워도 내일의 번성을 바라보는 꿈을 가리켜 아름다운 꿈이라 하겠습니다.

부모의 꿈은 하나님께서 양육을 위임하신 그분의 자녀를 말씀대로 키우는 꿈이어야 합니다. 자녀를 부모의 삶의 본을 통해 가르치고, 간절한 기도와 진정한 사랑으로 기르는 꿈이어야 합니다.

아무리 아름다운 꿈이라도 실천을 위한 우선순위에 따라 실현 여부가 가늠됩니다. 우리의 아름다운 꿈을 실현하기 위해 우선순위를 어떻게 세우는 것이 지혜로울까요?

우선 서둘러서는 안 됩니다. 서두르다 보면 정도를 벗어나기 쉽습니다. 무슨 일이든지 정도가 아니면 거짓되기 마련이지요. 거짓은 열매를 맺지 못합니다. 참은 비록 더딜지라도 반드시 열매를 맺습니다. 백 년을 내다보아야 합니다.

그러나 백 년의 장기 계획을 세우기란 결코 쉽지 않습니다. 특히 격변의 시대에는 더욱 그렇지요. 그러나 한 나라의 문화는 말할 것도 없거니와 한 가정은 아버지, 아들, 손자, 증손자 등 3,4대에 이르러서야 비로소 가풍이 서게 됩니다.

가장 슬픈 현실은 오늘날의 기성세대가 한결같이 기독교 교육으로 양육되지 못했다는 점입니다. 백지 같은 새하얀 어린 심령에 하나님의 말씀이 자리하도록 양육될 처지가 아니었습니다. 도리어 자제력을 갖추지 못한 부모들 밑에서 깊은 상처를 받고 자랐지요. 그러니 장성한 뒤에 예수님의 교훈을 따르려면 얼마나 힘이 드는지 모릅니다.

그러므로 믿는 가정에서는 부모, 특히 어머니가 하나님의 말씀을 사모하고 힘써 외워서 자녀에게 어려서부터 예수님의 도를 가르쳐야 합니다. 성경을 암송하다 보면 자녀교육은 물론이거니와 먼저 어머니 자신이 말씀의 참맛을 깨달아 중생의 체험을 하고 인격이 변하면서 남편과 자녀, 이웃까지 변화시키는 역사가 일어납니다.

이보다 더욱 바람직한 것은 태교를 말씀암송으로 하는 것입니다. 내가 지도한 암송학교의 한 집사님은 교육을 마치면서 농담 반 진담 반으로 "다시 아기를 가져 말씀암송으로 태교해서 낳아보고 싶은 마음이에요"라고 했습니다.

나는 결혼을 앞둔 젊은 남녀에게 아름다운 꿈을 가지라고 말합니다. 실제로 주례를 부탁받으면 반드시 사전에 예비 신랑 신부에게 '세 가지 아름다운 가정의 꿈'을 가르칩니다. 그리하여 결혼식 때 주례자로서 신랑 신부에게 예습한 아름다운 꿈을 한 가지씩 물어 확인합니다. 그뿐 아니라 결혼 후에 신부는 반드시 암송학교에 입학하여 말씀을 100절 이상 암송하게 합니다.

우리는 하나님 중심의 가정, 예수 그리스도 중심의 가정을 꿈꿔야 합니다. 남편도 아내도 아닌 오직 하나님을 기쁘시게 하는 가정, 주 안에서 서로 사랑하는 부부가 되어야 합니다. 부모에게 효도하되 주 안에서 하고, 자녀를 사랑하되 주의 말씀을 가르치는 것을 최우선으로 해야 합니다. 우리의 꿈은 우리 때에 머무르지 않고, 자녀의 자녀 또 그 자녀의 자녀에게까지 이르는 꿈입니다.

1963년, 미국의 마틴 루터 킹 목사는 "I have a dream!"(나에겐 꿈이 있습니다)을 설파하여 흑인들에게 무지갯빛 꿈을 심어주었습니다. 그 요지는 간단합니다. 흑인의 자녀와 백인의 자녀가 한 상에서 밥을 먹고, 한 마당에서 뛰어노는 것입니다. 당시로서는 뜬구름 잡는 소리처럼 들릴 수 있었습니다.

그러나 그 후 50년도 채 되지 않아 미국인들은 흑인 대통령을 선출했지요. 이렇듯 인류 역사는 창조적 소수(creative minority)에 의해 쓰여 왔습니다.

우리의 303비전도 50년 안에 이루어질 것입니다. 그때가 되면 우리나라는 세계를 올바로 이끌어갈 영적 지도국이 되어있을 것입니다. 또한 세계는 경제, 정치, 사회, 문화 전반에 걸쳐 우리로 말미암아 신령한 복을 받게 될 것임을 믿습니다.

일어나라 빛을 발하라 이는 네 빛이 이르렀고 여호와의 영광이 네 위에 임하였음이니라 사 60:1

# 나의 지속 노력 보고

◇◇◇

육체의 소욕을 위한 강건이 아니라 주의 일을 온전히 감당하기 위한 강건은 참으로 귀한 일이다. 많은 사람이 손쉬운 방법, 곧 특효를 선전하는 약물이나 한두 번의 특별 처방으로 건강을 누리려 한다. 반면에 운동을 꾸준히 지속적으로 하지 못하는 것을 보면서 마태복음 7장 13, 14절 말씀이 떠오른다.

좁은 문으로 들어가라 멸망으로 인도하는 문은 크고 그 길이 넓어 그리로 들어가는 자가 많고 생명으로 인도하는 문은 좁고 길이 협착하여 찾는 자가 적음이라

나의 지속 노력 보고(2006년 1월 18일)

2005년 10월의 14차 보고에 이어 15차 보고를 올린다. 2003년 7월 30일에 첫 보고를 올린 후 만 2년 4개월 만이다.

이 '지속 노력 보고'의 처음 의도는 303비전을 품은 장학생들에게 무슨 일이든지 지속하기만 하면 반드시 놀라운 열매를 맺는다는 걸 삶으로 보여주기 위함이었다.

이것이 장학생들에게 도움이 된 줄 믿으나 나 자신에게도 많은 유익을 가져다주었다. 물론 쉬운 일은 아니었다. 그러나 처음이 힘들었을 뿐, 일단 체질화되고 나니 이 지속적인 노력이 이제는 삶의 건전하고 유익한 리듬이 되어버렸다. 이는 자원하여 만든 나의 '거룩한 매임'이다.

일주일 중 4-7일은 새벽예배에 가고 돌아오는 4.5킬로미터를 신나게 걷는다. 새벽 공기의 신선함을 만끽하며 양팔을 90-180도까지 흔들며 빨리 걷는다. 몸을 움직이며 입으로는 말씀을 암송하니 도랑 치고 가재 잡는 즐거움과 유익이 있다. 한겨울에 몹시 춥고 빙판이 심할 때나 비바람이 심하게 부는 새벽 외에는 늘 그리한다.

평행봉에 양팔을 걸치고 앞뒤로 흔들기는 여전히 12-15회를 거뜬히 한다. 철봉 매달리기는 숫자 20-30을 헤아릴 때까지 어렵지 않게 견딘다. 40-45도 각도로 팔굽혀펴기는 51회씩 깊숙이 팔을 굽혀 바닥에 가슴이 닿을 정도로 한다.

요즘에는 목을 좌우로 번갈아 돌리면서 목운동도 겸하고 있다. 윗몸일으키기는 평균 15회를 반복한다. 늦은 오후에는 탄천을 뒷걸음으로 500-1,000미터가량 기쁜 마음으로 걷는다. 가슴과 어깨, 허벅지, 팔, 다리에 단단한 근육이 조금씩 더 붙는 것 같다.

최근에는 영어 암송을 많이 한다. 이미 암송했으나 잊어버린 말씀은 다시 복원하면서 시편 1,8,23,50(14,15절),100,103(1-5절),121,126,127,128,133,150편까지 외우다가 기억이 전혀 나지 않으면 가로등 아래에 멈춰 서서 영어성경을 펼쳐 확인한다. 오늘 새벽에는 이사야서 53장 1,2절을 영어로 반복 또 반복하면서 익혔다.

그 밖에 시편 118편 24절과 119편 18절 말씀은 한글과 영어로 즐겨 암송 묵상한다. 최근에는 우리말로 갈라디아서 5장, 에베소서 6장, 빌립보서 4장, 요한일서 1장도 반복 암송하고 있다.

이날은 여호와께서 정하신 것이라 이날에 우리가 즐거워하고 기뻐하리로다

시 118:24

The Lord has done it this very day; let us rejoice today and be glad.

내 눈을 열어서 주의 율법에서 놀라운 것을 보게 하소서 시 119:18

Open my eyes that I may see wonderful things in your law.

나의 지속 노력 보고(2008년 4월 16일)

연말에 스물두 번째 보고를 올린 게 엊그제 같은데, 벌써 새해가 4개월 반이나 지났으니, 세월이 어찌 그리 빠른지.

돌이켜 생각하니, 예수님을 믿기 시작한 사십 대는 세월이 어영부영 지나갔고, 주께 받은 사명을 좇아 일하기 시작한 오십 대는 강물처럼 흘러갔으며, 이슬비전도로 전국 방방곡곡을 누비던 육십 대는 쏜살같이 날아갔고, 성경암송 교육과 303비전꿈나무 모범생들을 길러내는 칠십 대에 들어서니 내가 곧 시간이고, 시간이 곧 나의 생명인 것을 발견

하게 되었다. 따라서 지금은 내게 주어진 사명인 303비전을 위한 일에 전력할 뿐, 그 밖에는 어떤 일에든지 초연하기로 작심하고 산다.

새벽예배를 빠지면 죽는 줄 알고 열심을 내지만, 몸살감기가 한번 찾아오면 그게 그리 쉽지 않다. 그러나 새벽예배를 드려야 날마다 정해진 분량의 기도와 운동 그리고 말씀암송의 고리가 제대로 풀려나가기에 웬만하면 빠질 수 없다. 새벽예배 후 귀갓길에 하는 팔굽혀펴기는 여전히 32회로 머물러 있지만, 평행봉에 양팔을 걸치고 앞뒤로 흔들기는 16회에서 20회로 횟수를 늘렸다.

어느 날 기독교출판협회 이사회에 다녀온 막내아들이 말했다.

"원로 장로님들이 저를 만날 때마다 아버지 안부를 물으셔요. 그래서 제가 '장로님은 새벽마다 평행봉에 양팔을 걸치고 앞뒤로 흔들기를 20회씩 하십니다'라고 말씀드렸어요."

"16회인데 20회라고 말하면 거짓말하는 게 되잖니? 왜 그런 말을 했니?"라고 내가 불편한 기색을 보이자, 아들이 내게 힘을 실어주었다.

"아버지, 저는 20회 하시는 줄 알았어요. 이제부터 20회 하시면 되겠네요."

이쯤 되니 '아, 하나님께서 아들의 착각 발언을 통해 횟수를 늘리라고 말씀하시는구나' 싶었다. 그래서 다음 날부터 20회로 늘렸다. 처음엔 약간 힘들었지만, 효자(?) 아들 덕에 이젠 자연스럽게 20회를 한다.

그뿐 아니라, 철봉에 매달려 16까지 셌던 것도 20 혹은 24까지 버티고, 윗몸일으키기도 16회에서 20회로 늘려 나로선 대단한 발전을 하게 되었다.

나의 영성 훈련은 너무나 단조롭다. 새로운 말씀을 암송하고 반복한다. 그리고 묵상과 하늘언어(방언)를 한다. 새롭게 암송한 말씀은 알고 보면, 전에 암송했던 말씀을 까맣게 잊고 있다가 다시 암송하는 경우가 많다. 최근에는 시편 37편 1-9절과 잠언 16장 1-9절 말씀을 우리말과 영어로 매끄럽게 암송할 만큼 많이 반복했다.

또한 갈라디아서 6장 1-18절을 우리말로, 마태복음 11장 28-30절, 요한복음 7장 37-39절과 8장 31,32,36절, 이사야서 40장 27-31절과 41장 10절과 42장 1-4절과 43장 1,19-21절과 60장 1-3절, 사도행전 2장 1-4절과 20장 24절, 로마서 3장 23,24절과 12장 1,2절, 여호수아서 1장 8,9절, 갈라디아서 2장 20절, 데살로니가전서 2장 13절, 고린도후서 5장 17절을 우리말과 영어로 반복 암송하며 묵상하는 은혜를 누렸다.

로마서는 1-16장까지 징검다리 뛰어넘듯 매일 한두 번은 연속적으로 암송하고 있는데, 며칠 전에 시간을 재보았더니 총 120여 절을 암송하는 데 16분이 걸렸다. 그리고 8장 전체는 3분이 걸렸다. 제법 빨라진 셈이다.

이 밖에도 이사야서, 복음서, 서신서, 요한계시록 등 이미 암송한 말씀들을 우리말로 반복 암송 묵상하는 일은 내게 주어진 아무에게도 빼앗길 수 없는 보배요, 특권이다.

# 말씀암송의 실제

PART

# 2

♬♪

# 303비전꿈나무송

(303비전꿈나무 주제가)

말씀으로 천지만물 아름답게 지으신
하나님의 크신 사랑 보답할 길 없어라
영의 양식 말씀 먹고 지혜롭게 자라자
새 시대를 열어갈 삼공삼 비전 꿈나무

말씀암송 천하무적 전신갑주 입고서
성령의 검 믿음방패 승리하며 살리라
정직하고 성실하게 말씀대로 살리라
하나님의 아들딸 삼공삼 비전 꿈나무

말씀암송 우선순위 우리 삶의 푯대라
말씀 묵상 적용 실천 우리 세대 몫이라
말씀으로 승리하는 새 시대의 사명자
예수님의 참 제자 삼공삼 비전 꿈나무

말씀암송 찬송 기도 우리 가정 예배로
사랑하는 부모형제 천국 가정 이루리
오늘내일 빠짐없는 즐거움의 한시간
씩씩하게 자라갈 삼공삼 비전 꿈나무

성경암송 가르치는 우리 교회 학교라
선생님의 모범 따라 암송교육 익혀서
우리 모두 하나같이 암송모범생이라
의의 나라 세워갈 삼공삼 비전 꿈나무

작사 : 여운학, 2007. 5. 10. / 작곡 : 베토벤, 1824.
새찬송가 64장 〈기뻐하며 경배하세〉 곡

성경은 지식과 지혜의 보고(寶庫)이며, 진리와 생명의 말씀입니다. 하나님께서 우리를 온전케 하기 위해 성경을 주셨습니다(딤후 3:16,17). 이 성경의 교훈을 지키고, 책망을 두려움으로 받아들여 바르게 살며, 하나님과의 관계가 올바로 세워지도록 힘쓰는 것이 성도의 본분입니다.

우리는 성경대로 살려고 얼마나 노력하고 있습니까? 하나님의 말씀을 얼마나 사모하며 즐거워하는지요?

이 율법책을 네 입에서 떠나지 말게 하며 주야로 그것을 묵상하여 그 안에 기록된 대로 다 지켜 행하라 그리하면 네 길이 평탄하게 될 것이며 네가 형통하리라 수 1:8

이 말씀은 모세의 시종이었던 여호수아가 모세의 후계자로 지목받고 두려움에 떨고 있을 때 하나님께서 그에게 주신 말씀입니다. 여기서 "율법책", 곧 하나님의 말씀을 입에서 떠나지 말게 하고 주야로 이를 묵상하라는 것은 말씀암송을 전제로 하는 거지요.

성경 고고학자인 찰스 서어 교수의 일화를 소개하려 합니다. 하루는 그가 교통사고를 당해 입원했는데, 중상을 입어 의식이 돌아오지 않았습니다. 그런데 무의식 상태에서 그의 입술이 미동하고 있었습니다. 문병을 간 학장이 가만히 귀를 기울여보니, 서어 교수가 시편 1편을 히브리어로 암송하는 것이었습니다. 평상시 그는 말씀을 즐겨 암송하고 묵상하는 것으로 잘 알려져 있었습니다.

말씀이 그의 인격을 지배했고, 말씀이신 예수님이 그와 동행했으며, 그는 말씀 속에 나타난 하나님을 사모했습니다. 그래서 의식이 없는 와중에도 말씀을 읊조리고 있었던 겁니다.

말씀의 맛에 한 번 취하면 다른 어떤 것도 그에 비견할 게 없어집니다. 그래서 앉으나 서나 눕나, 틈만 나면 말씀을 읽고 암송하고 묵상하게 되는 거지요. 말씀이 내 안에 거하면, 나는 말씀 안에 살게 되고, 말씀이 내 안에서 나를 주관함을 경험하게 됩니다.

말씀암송은 묵상의 필요조건입니다. 그러나 실상 말씀을 사랑한다고 말하는 사람은 많아도 말씀을 암송하며 주야로 즐겨 묵상하는 사람은 극히 드물다는 사실을 절감합니다. 거룩하고 성령충만한 신앙생활을 위해 말씀 묵상이 필수불가결하다는 걸 믿고 또 강조하면서도, 왜 대부분의 목회자와 신학자, 신학생, 성도는 말씀암송을 멀리하는지요?

하나님의 말씀의 오묘함을 깨달으면, 무엇보다 먼저 말씀을 내 안에 모셔 들이는 일, 곧 암송에 열중하게 됩니다. 누가 시켜서가 아니라 바쁜 중에도 스스로 시간을 내어 말씀암송과 묵상의 삶을 지속합니다.

하나님의 말씀은 전심으로 사모하는 이에게는 생명의 말씀, 진리의 말씀, 권능의 말씀이요, 달고 오묘하여 꿀보다 달고, 황금보다 존귀하게 느껴집니다. 반면에 인간적인 욕심이나 옳지 않은 동기로 암송하려는 이에게는 말씀이 어렵고 껄끄럽고 부담스럽게 느껴지지요.


## 성경암송의 유익

이해득실(利害得失)에 민감한 현대인이라면 성경암송의 유익부터 알고 싶을 것입니다. 흔히 성경암송을 '성경에 기록된 말씀을 내 마음판에 새기는 것'으로 표현합니다. 그러나 나는 다르게 말하고 싶습니다.

"말씀이신 삼위 하나님, 곧 아버지 하나님과 성자 예수님과 보혜사 성령님을 내 안에 항상 모시고 사는 것!"

"태초에 말씀이 계시니라 이 말씀이 하나님과 함께 계셨으니 이 말씀은 곧 하나님이시니라"(요 1:1)라고 기록되어 있으니 말입니다.

성경암송을 함으로써 삼위 하나님을 자신 안에 모시고 살 때, 개인적으로 누리는 일곱 가지 유익을 말해보겠습니다.

첫째, 하나님과 동거 동행하는 기쁨과 감격 그리고 평안을 누릴 수 있습니다.

둘째, 언제, 어디서, 어떤 경우에도 승리의 삶을 살 수 있습니다. 항상 하나님의 말씀으로 위로와 경책(警責)과 가르침을 받고 지혜와 힘을 얻기 때문입니다.

셋째, 어려서부터 성경암송 습관을 들이면 평생토록 말씀의 인도함을 받으며 자신감, 겸손함, 집중력, 감화력, 창의력, 역동성이 길러집니다.

넷째, 올바른 인격과 말씀의 능력과 지혜를 갖추어 남을 돕는 자, 상담자, 지도자, 목회자의 자질을 기를 수 있습니다.

다섯째, 성경암송 및 묵상 태교를 한 아이는 심성이 평온하여 잘 웃고 낯을 가리지 않으며, 어쩌다 울음을 터뜨려도 금세 방긋 웃고 밤에 잘 자는 것은 물론, 예배 시간에 우는 법 없이 목사님의 얼굴을 바라본다고 합니다.

여섯째, 주부가 성경암송과 묵상을 생활화하면 부부 관계가 원만해지고, 가정이 화목해집니다. 화기애애한 가정에서 자란 자녀는 절로 너그러운 성품을 갖게 됩니다.

일곱째, 성경암송의 좋은 습관이 이어지면 인생을 아름답게 세워나갈 수 있습니다. 성경을 늘 암송하고 묵상하며 실천하는 사람은 하나님의 사람, 그리스도의 사람, 성령의 사람이 될 것입니다.

이 외에도 개인이나 공동체가 말씀을 암송할 때 누리는 다섯 가지 유익을 살펴보겠습니다.

**첫째, 암송하면 큐티만 할 때보다 묵상이 잘됩니다**

기도는 성도가 하나님께 입술의 고백을 올려드리는 데 비중을 둔다면, 큐티는 하나님의 말씀을 묵상하며 듣는 데 비중을 둔다고 할 수 있습니다. 물론 기도하면서 하나님께 말씀드리는 데 그치지 않고 하나님의 음성을 들을 수 있고, 성령의 감동으로 하나님의 뜻을 깨닫거나 혹은 간절히 구하는 것을 주님의 놀라우신 권능으로 응답받을 수도 있습니다.

그러나 큐티와 비교한다면 기도는 기도하는 사람의 말, 곧 찬양이나 간구를 하나님께 올려드리는 것이요, 큐티는 하나님의 음성에 귀를 기울이는 것이기에 온전한 신앙생활을 하려면 기도와 큐티는 성도의 필수 조건입니다.

그런데 내 경험으로는 큐티할 때 잡념이 떠오르는 걸 피할 수가 없었습니다. 묵상하려고 눈을 감으면 방금 읽었던 말씀은 떠오르지 않고 온갖 잡생각이 떠올랐지요. 이것이 나만의 경험은 아닐 것입니다.

말씀을 암송하지 않은 채 아침에 잠깐 읽은 말씀을 종일 묵상하는 게 가능할까요? 죄성에서 자유로울 수 없는 인간으로서는 오직 하나님의 말씀을 입술로 읊조리며, 그 말씀에 정신을 집중할 때만이 온전한 큐티를 할 수 있다고 생각합니다. 따라서 말씀암송은 온전한 큐티를 하기 위한 필요조건인 셈이지요.

또한 말씀을 암송한 사람은 언제 어디서나 말씀 묵상이 가능합니다. 입으로 말씀을 읊조리면서 말씀에 담긴 뜻을 깊이 생각하고 삶에 적용하면서, 회개와 결단을 할 수 있지요. 성령님의 감동으로 이미 암송한 말씀 중에서 그때그때 꼭 필요한 은혜와 지혜의 말씀이 떠오르기도 합니다.

나는 홀로 새벽길이나 밤길을 산책하거나 조용히 앉아서 암송한 말씀을 묵상할 때, 회개의 영이 임하시면 "주여, 긍휼히 여겨주시옵소서" 하며 하나님의 긍휼을 구합니다.

때로는 위로부터 한량없이 쏟아지는 하나님의 은혜에 감격하여 "주여, 감사합니다"를 연발하기도 하고, 문득 놀라운 삶의 지혜를 깨닫고 "할렐루야!"를 외치며 주의 성호를 찬양하기도 합니다. 이렇게 암송한 말씀을 떠올리면서 묵상하는 것이야말로 온전하고 바람직한 큐티가 아닐까 생각합니다.

### 둘째, 암송하면 영이 맑아집니다

건강에 가장 큰 영향을 주는 것이 '피'라고 합니다. 건강한 피는 색이 맑고, 양이 풍성하며, 순환이 활발합니다. 마음과 영도 마찬가지입니다. 흔히 '마음을 비운다'라고 하는데, 이는 듣기도 좋고 누구나 원하는 바일 것입니다. 그러나 사람의 마음은 자기 의지로 비우거나 채울 수 있는 게 아님을 우리는 경험을 통해서 잘 압니다.

욕심을 버리는 것이 마음을 비우는 거라고 할 수도 있겠지만, 욕심을 버리는 경지에 이르는 건 수십 년의 수양으로도 어려울 것입니다. 그것은 인간의 바람이요 욕심일 뿐, 안타깝게도 인간의 능력으로는 불가능한 일입니다. 바울은 로마서 7장에서 다음과 같이 고백합니다.

내 속 곧 내 육신에 선한 것이 거하지 아니하는 줄을 아노니 원함은 내게 있으
나 선을 행하는 것은 없노라 내가 원하는 바 선은 행하지 아니하고 도리어 원
하지 아니하는 바 악을 행하는도다 만일 내가 원하지 아니하는 그것을 하면 이
를 행하는 자는 내가 아니요 내 속에 거하는 죄니라 그러므로 내가 한 법을 깨
달았노니 곧 선을 행하기 원하는 나에게 악이 함께 있는 것이로다 롬 7:18-21

나는 젊은 시절에 《채근담》에서 본 "심불가불허 허즉의리래거 심불
가불실 실즉물욕불입(心不可不虛 虛則義理來居 心不可不實 實則物欲不入, 마음을
비워두지 않으면 안 된다. 그래야 정의와 진리가 그곳에 와서 산다. 마음은 채워두지 않
으면 안 된다. 그래야 물욕이 들어올 수 없다)"라는 말에 심취한 적이 있습니다.

그러나 성경의 진리를 깨닫기 시작하면서 이 격언을 다시 생각하게
되었습니다. 절대자의 영, 곧 성령의 도움 없이 인간의 의지와 노력만으
로 마음을 비우거나 채울 수 있다고 생각하는 건 정말 어리석다고 말입
니다. 진리의 말씀을 묵상한 사람이라면, 마음을 비워야 한다느니 하
는 말은 함부로 할 게 아니라는 사실을 깨달을 것입니다.

그럼에도 우리의 마음은 맑고 깨끗해야 합니다. 영이 맑고 깨끗해지
면 마음은 저절로 그렇게 된다는 걸 믿는다면, 먼저 영이 맑고 깨끗해
지는 일에 관심을 기울여야겠지요.

이를 위해서는 성령충만을 받아야 합니다. 그러니 마음을 비우고 싶

다는 말은 성령충만을 받기 원한다는 말로 바꾸는 게 합당합니다. 그렇다면 어떻게 해야 성령충만하여 영을 맑고 깨끗하게 할 수 있을까요? 하나님의 말씀을 내 안에 모셔 들이는 일, 곧 '암송'과 '묵상'보다 더 확실한 길은 없는 것 같습니다.

말씀을 암송하고 묵상하는 가운데 느끼고 깨닫는 지혜와 은혜는 말할 수 없이 큽니다. 암송한 말씀을 밤이나 낮이나, 누웠을 때나 길을 걸을 때나, 특히 중한 질병으로 병상에 있을 때 반복적으로 읊조리고 묵상하는 게 곧 마음을 비우는 길이요, 진리로 차고 넘치게 채우는 비결이라고 믿습니다.

피가 맑고 깨끗해야 몸이 건강합니다. 피가 깨끗해지려면 먼저 영이 맑아져야 합니다. 그러려면 말씀암송과 묵상의 체질화가 이루어져야 합니다.

### 셋째, 암송하면 목회에 능력이 더해집니다

설교란 한마디로 '하나님의 말씀을 선포하는 것'입니다. 평소에 깊이 묵상한 말씀을 선포하는 것과 설교를 위해 급하게 준비한 말씀을 선포하는 것은 감동과 권능의 차이가 날 수밖에 없습니다. 물론 말씀을 받아들이는 사람에 따라 다를 수 있지만, 평소 깊이 묵상한 말씀을 선포할 때는 이성으로 측량할 수 없는 신비한 성령의 역사가 따르기 마련입니다.

303비전장학생들은 100절, 200절, 300절의 말씀을 암송한 후부터 그동안 부담스럽기만 하던 설교 주제가 너무 많이 떠올라서 주체할 수 없을 정도라고 말합니다. 그뿐 아니라, 성도의 반응도 확실히 달라졌다고 고백하지요. 유니게 과정에 등록한 어떤 목사님도 암송 구절이 많아질수록 여러 가지 설교 내용이 떠오르고, 그중에서 주제를 잡아 확신 있게 설교하면 성도가 은혜를 많이 받는다고 고백했습니다.

또한 하나님께서는 진리의 말씀을 늘 암송 묵상하는 상담자를 통해 마음이 상한 자, 낙심한 자에게 놀라운 평안을 안겨주십니다. 말씀을 즐겨 암송 묵상하는 사람의 상담은 감화력이 있기 마련입니다. 상담은 말해주는 게 아니라 기도하는 마음으로 귀 기울여 들으며 공감하는 거지요. 그런 후에 성령님의 감동으로 떠오르는 합당한 말씀을 몇 마디만 일러주면 내담자의 심령은 믿어지지 않을 정도로 치유되고 변화합니다.

그러므로 말씀을 암송하고 묵상하는 삶이 정착되면, 무엇보다도 영적으로 맑고 깨끗한 삶을 살며, 항상 하나님과의 영적 대화가 이루어지기에 인격적이면서 유능한 목회자, 상담자, 지도자, 남을 돕는 자가 될 수 있습니다.


**넷째, 암송은 새신자 교육의 대안입니다**

여러 가지 신자 교육 중에 가장 효과적인 방법이 바로 말씀암송입니다. 일반적으로 새신자에게 암송을 시키는 건 무리라고 생각하는데 큰 오해요 착각입니다.

물론 새신자에게 많은 분량의 성경을 암송시키는 것은 바람직하지 못합니다. 그러나 짧고 암송하기 쉬운 하나님의 창조와 인간의 구원, 고난의 참뜻을 새기는 말씀을 암송하게 하면 새신자의 영안이 열리고 그 마음에 기쁨이 솟아날 것입니다.

이를테면, 새신자에게 창세기 1장 1절 "태초에 하나님이 천지를 창조하시니라"를 반복하여 암송한 다음, 큰 소리로 말씀을 선포하게 합니다. 그리고 인도자가 온 우주 만물은 우연히 생겨난 것이 아니라 완전한 인격을 가지사 기뻐하기도 슬퍼하기도 하시며, 완전한 신격을 가지사 전지전능하고 무소부재하신 하나님께서 말씀으로 창조하셨다는 사실을 알아듣기 쉽게 차근차근 설명해줍니다. 그런 후에 새신자들에게 다시 큰 소리로 말씀을 암송하게 합니다. 이렇게 한 시간만 교육하면 새신자의 눈빛이 반짝이기 시작합니다.

또한 요한복음 15장 1절 "나는 참포도나무요 내 아버지는 농부라"를 반복하여 암송시킨 후, 역시 큰 소리로 암송하여 하나님의 말씀을 선포하게 합니다. 인도자는 그림을 그려가면서 예수님은 참포도나무시고 우리는 그 나무에 붙어있는 가지이며, 하나님은 열매를 많이 맺게 하기 위해 필요 없는 가지는 잘라내는 정원사와 같은 분이라는 사실을 설명해줍니다. 나아가서는 조금 더 긴 문장, 예를 들어 고린도후서 5장 17절이나 갈라디아서 2장 20절 같은 말씀을 앞서 설명한 방법대로 암송 훈련합니다.

이런 식으로 교육하면 몇 주가 되지 않아서 짧고 중요한 말씀을 제법 암송하게 될 뿐 아니라 신앙의 깊이가 생기기 시작합니다. 이때가 중요합니다. 칭찬을 아끼지 말고 암송 실력을 발표할 기회를 주어야 합니다. 단, 새로운 말씀을 알려주기보다는 이미 암송한 말씀이 무의식중에도 술술 나오도록 반복하면서 그와 관련한 성경 말씀을 읽고 설명해주면 더욱 좋습니다.

또한 새신자가 말씀과 관련하여 궁금한 점을 질문하도록 하고, 인도자가 간단한 퀴즈를 내기도 하면서 말씀 중심의 대화 분위기를 자연스럽게 만들어갑니다. 이렇듯 딱딱하지 않고 부드럽게 기독교의 핵심 진리를 가르치는 게 새신자 교육의 지혜입니다.

나의 경우는 먼저 새신자반 교사들에게 암송 훈련을 시켰습니다. 수십 년이 지난 지금, 당시 젊은 집사였던 그들은 권사나 장로가 되었고, 그때를 그리워하며 내게 늘 고마움을 이야기합니다. 당시 새신자였던 사람들은 교회의 핵심 일꾼이 되어있기도 하지요.

많은 성도가 이단에 넘어가고, 비본질적인 문제로 시간을 낭비하는 원인 중 하나가 말씀암송에 대한 무관심 내지는 부정적 견해에 있다고 봅니다. "믿음은 들음에서 나며 들음은 그리스도의 말씀으로 말미암았느니라"(롬 10:17)라고 하셨듯이 하나님의 말씀을 암송하지 못한 성도가 올바른 믿음을 갖기는 참으로 힘든 일입니다.

물론 새신자 교육 프로그램을 면밀하게 짜서 가르치는 걸 말리고 싶지는 않습니다. 그러나 암송 교육을 실시해보면, 얼마나 값지고 효과적이고 보람찬 일인지 즉시 경험하게 될 것입니다. 새신자에게 말씀을 암송시킨다는 발상 자체가 고정관념을 깨뜨리는 일이지만, 새신자에게 성경 공부와 묵상 운운하는 것 또한 고정관념으로는 있을 수 없는 일입니다.

말씀을 사모하는 마음으로 암송하며 수시로 이를 묵상하는 데는 새신자, 기존 신자의 차별이 없습니다. 암송한 말씀을 즐겨 묵상하면서 진리를 깨닫고 벅찬 은혜를 체험하는 건 우리 모두에게 꼭 필요한 일입니다.

또한 전도자가 말씀을 암송하고 있다는 것은 성령의 검으로 무장한 것과 다름없습니다. 말씀이 내 안에 거하면 먼저 마음에 기쁨과 감사가 넘치고, 설교 듣기와 성경 읽기가 즐거워집니다. 모든 것이 하나님의 은혜로 받아들여지니 삶에 생기가 넘치지요. 얼굴은 환하게 밝아지고, 겸손이 몸에 배게 됩니다. 예수님을 믿지 않는 사람을 보면 긍휼함이 절로 일고, 믿는 사람이라도 암송의 기쁨을 모르는 사람을 보면, 이 기쁨을 맛보게 하고픈 마음으로 충만해집니다.

이처럼 말씀암송은 자신의 신앙을 알차게 해줄 뿐 아니라, 사단의 공격으로부터 스스로를 지킬 무장인 동시에 영혼 구원을 위한 준비가 됩니다.

### 다섯째, 암송하면 선교가 쉬워집니다

단기선교, 비전트립, 선교사 파송 등 다양한 형태의 선교가 한국교회에 자리 잡고 있습니다. 파란 눈의 선교사들이 한반도를 밟은 지 150여

년이 지난 지금, 한국은 세계선교 2위라는 자랑스러운 타이틀을 갖게 되었습니다. 예수님의 지상명령을 좇을 뿐 아니라, 우리가 먼저 받은 은혜에 보답하기 위해서라도 더욱 선교에 힘써야겠습니다.

가장 이상적인 선교의 패러다임은 20, 30년 후를 내다보고 선교지의 어린이들에게 하나님의 말씀을 먹여 온전한 신앙인격자로 키우는 '말씀암송 중심 인재 양성 선교'라고 생각합니다. 국제어인 영어와 자국어로 암송시키는 교육을 선교의 우선순위로 삼는 거지요.

지금의 어린이는 30년 후에 나라의 역군입니다. 그러니 어려서부터 말씀암송이 체질화되면 온전한 복음주의 신앙을 갖게 되고, 말씀의 생활화를 이룬 믿음의 용사들로 자라날 것입니다. 그러기 위해 부모가 먼저 말씀을 암송하고, 자녀와 함께 날마다 '말씀암송 가정예배'를 드리는 거지요.

새로운 시도에는 크고 작은 어려움이 따르기 마련입니다. 그러나 이 길만이 가장 성경적이고 미래지향적이며 실효성이 있다고 믿습니다.


김윤숙 선교사님은 중국 청양한인교회에서 2년간 유초등부 아이들에게 열심히 암송 훈련을 시켰습니다. 단일 교회로서는 국내외 통틀어 303비전꿈나무 모범생, 으뜸모범생, 장학생이 가장 많이 나오게 한 주역입니다. 2007년부터는 남아프리카공화국에 파송되었지요. 다음은 김 선교사님이 보낸 편지의 일부입니다.

지난달부터 현지 사역을 살펴보고 있습니다. 어린이 전도협회 선교사님께서 사역하시는 현장에 함께하기로 하고, 매주 토요일엔 흑인 마을을 찾아간답니다. 두 곳을 방문했는데 양쪽 모두 100명이 넘는 아이들이 모여서 찬양하고 성경암송을 하고 말씀을 듣고 있어요.

지난주부터는 이곳에 세워진 한인교회에서 주일 사역을 하게 되었습니다. 개척 1년 정도 된 교회로 목사님께서 몇몇 집사님들과 시작하셨는데, 중고등부 아이들을 지도해줄 사람이 없어서 기도 중에 저를 만나게 되었다고 하시네요.

목사님께서 처음 담임 목회를 시작하셔서 혹시 좋은 생각이 있으면 서슴없이 말해달라고 하셨어요. 그래서 청양한인교회 암송반을 소개하며 중고등부도 암송으로 모든 양육을 하겠다고 말씀드렸답니다. 목사님은 좋은 생각이라고 흔쾌히 받아주셨어요. 앞으로 이곳에도 암송의 바람이 부리라 기대하고 있어요. 중고등부라서 좀 늦은 감이 없지 않지만, 부모님을 떠나온 아이들이 오직 하나님 말씀만 붙잡고 인생의 목적을 세워나가는 중요한 시간이라 생각합니다.

앞으로 이 아이들을 통해 하나님께서 하실 일들이 기대됩니다. 이렇게 암송의 첫 단추를 꿰면, 앞으로 유초등부와 장년부도 도전받아 시작하리라 생각합니다.


나는 이 기쁜 소식을 들으면서 내 신념과 소신에 확신을 얻었습니다. 그 나라의 어린이와 청소년에게 영어와 자국어로 성경을 암송시키며, 유치원을 세워서 성경 읽기와 암송 교육에 힘쓰는 쪽으로 선교 방향을 잡는 것입니다.

또한 유치원 아이들의 부모님을 한 가정씩 초청하여 선교사님 가정에서 날마다 드리는 말씀암송 가정예배의 모습을 보고 배우게 합니다. 이를 통해 현지의 젊은 부모들이 자녀를 잘 키우기 위해 선교사님을 본받고 싶은 마음이 일어나게 하는 일에 우선순위를 둔다면, 해외 선교의 길이 활짝 열릴 것입니다.

### 말씀의 생활화와 생활의 말씀화

성도가 성경 말씀대로 사는 걸 '말씀의 생활화'라고 합니다. 이때 가장 중요한 건, 우선 하나님의 말씀을 내 안에 모시고 살아야 한다는 겁니다.

그 첫 단계가 바로 암송입니다. 다음 단계는 묵상, 적용, 실천으로 나아갑니다. 이 과정이 지속될 때 삶이 바뀝니다. 암송은 잘하는데 삶이 형편없는 건 크게 잘못된 경우지요.

다시 말해 암송은 말씀의 생활화의 기본 조건이며, 필요조건일 뿐입니다. 묵상, 적용, 실천은 충분조건이지요. 그러므로 말씀암송의 수고 없이 말씀의 생활화는 이뤄질 수 없습니다.

말씀의 생활화를 간략하게 3단계로 나눠보았습니다.

1단계 : 말씀암송

2단계 : 말씀 묵상

3단계 : 말씀 적용 및 실천


말씀을 생활화하기 위해서는 말씀암송이 최우선입니다. 그러나 말씀을 암송한다는 건 결코 쉬운 일이 아닙니다. 분명 좁은 문이지요. 그러나 생명으로 인도하는 문이기도 합니다.


좁은 문으로 들어가라 멸망으로 인도하는 문은 크고 그 길이 넓어 그리로 들어가는 자가 많고 생명으로 인도하는 문은 좁고 길이 협착하여 찾는 자가 적음이라 마 7:13,14


어려서부터 교회나 가정에서 암송 경험이 있는 사람은 좀 나은 편입니다. 그러나 평생 암송을 한 번도 안 해본 사람이라면 웬만한 결단과 의지, 인내와 노력 없이는 지속하기 힘듭니다.

가장 중요한 건 말씀을 사모하는 마음이며, 이를 위해 늘 기도하는 사람만이 암송한 말씀을 주야로 묵상할 수 있습니다. 나아가 말씀을 생활에 적용하여 하나님의 기쁘신 뜻을 좇아 행할 수 있지요. 그렇게 하더라도 죄성(罪性)을 가진 인간인지라 말씀의 생활화를 온전히 이루는 사람은 거의 없습니다. 어릴 때부터 그런 환경에서 자라지 못한 우리 세대는 오직 그런 소망과 꿈을 안고 노력할 뿐입니다.

말씀의 생활화와 더불어 '생활의 말씀화'를 온전히 이루는 게 크리스천의 목표입니다. '말씀의 생활화'와 '생활의 말씀화'를 벼농사에 비유할 수 있습니다.

말씀의 생활화는 마치 농부가 논을 갈고 묘판을 만들어 거기에 볍씨를 뿌리고, 묘를 가꾸어 때가 이르면 이앙을 하고, 모를 심고 가꾸어 알곡이 영근 벼를 베어 정미소에서 도정하여 쌀이 나오는 일련의 과정과 같습니다. 생활의 말씀화는 앞서 말씀의 생활화 과정을 거친 영양가 높고 맛 좋은 쌀로 밥도 짓고, 인절미, 송편, 시루떡, 각종 과자를 만들어 나눠 먹기도 하고, 팔기도 하는 2차 생산 과정과 같습니다.

다시 말해, 생활의 말씀화를 위해 말씀의 생활화 과정이 절대 필요하지요. 말씀을 암송하고 즐겨 묵상하는 것은 살아계신 말씀이신 아버지 하나님을 내 안에 주야로 모시고 사는 것입니다. 또한 예수 그리스도의 품 안에 내가 사는 것이며, 보혜사 성령님이 말씀으로 나의 영을 항상 새롭게 하시고 암송한 모든 말씀을 때에 따라 생각나게 하시는 것입니다.

> 너희가 내 안에 거하고 내 말이 너희 안에 거하면 무엇이든지 원하는 대로 구하라 그리하면 이루리라 요 15:7

> 이 말씀이 또한 너희 믿는 자 가운데에서 역사하느니라 살전 2:13

보혜사 곧 아버지께서 내 이름으로 보내실 성령 그가 너희에게 모든 것을 가르치고 내가 너희에게 말한 모든 것을 생각나게 하리라 요 14:26

## 말씀 묵상 4단계

### 1단계 묵상

몇백 절, 몇천 절을 암송하는 사람이라도 머리가 좋거나 기억력이 뛰어나서라기보다 남다른 열심을 가지고 주야로 노력한 결과로 보는 게 합당합니다. 물론 개인차가 분명히 있지만, 누구나 암송을 계속하다 보면 점점 더 잘되는 게 사실입니다. 그러나 말씀을 사모하는 마음과 주야로 노력하는 열심 없이는 아무도 말씀을 꾸준히 암송할 수는 없습니다.

암송을 하다 보면 이미 많이 들어본 말씀이거나, 성경공부 시간에 배우거나 심지어 큐티할 때 다뤘던 말씀까지도 새로운 의미로 다가오는 것을 경험합니다.

이를테면, 고린도전서 13장을 암송할 때 4절인 "사랑은 오래 참고 사랑은 온유하며 시기하지 아니하며 사랑은 자랑하지 아니하며 교만하지 아니하며"를 반복하여 읊조리는 동안 말씀의 거울 앞에 많은 생각이 떠오르고, 새로운 깨달음이 생기기도 하며, 회개의 마음이 일어나기도 합니다. 이것이 '1단계 묵상', 곧 초보 단계의 묵상입니다.

### 2단계 묵상

암송한 말씀을 수시로 읊조리다 보면 똑같은 말씀임에도 때와 장소, 혹은 마음 자세에 따라 다른 의미로 다가옵니다.

이를테면 심히 두려운 환경에 처해서 떨며 기도하다가 시편 27편 1절과 14절인 "여호와는 나의 빛이요 나의 구원이시니 내가 누구를 두려워하리요 여호와는 내 생명의 능력이시니 내가 누구를 무서워하리요", "너는 여호와를 기다릴지어다 강하고 담대하며 여호와를 기다릴지어다"를 암송하면 마음에 잔잔한 평안이 찾아옵니다.

한편, 평상시에 이 말씀을 암송하면, 기쁘고 즐겁긴 하지만 내 마음에 일어나는 변화와 감동을 맛보지 못하고 넘어가기 쉽습니다. 어쨌거나 하나님의 말씀을 암송하면 기쁨과 감사와 회개가 동시다발적으로 일어나는 것만은 틀림없습니다.

이미 암송한 말씀을 수시로 기억하여 사모하는 마음으로 거듭 읊조리며 암송할 때 일어나는 묵상이 '2단계 묵상'입니다.


### 3단계 묵상

말씀을 많이 암송할수록 서로 관련 있는 말씀들이 일시에 떠올라 차이점과 공통점 또는 복합적인 의미가 그려집니다.

이를테면, 요한복음 13장 34절 말씀, "새 계명을 너희에게 주노니 서로 사랑하라 내가 너희를 사랑한 것같이 너희도 서로 사랑하라"와 요한복음 15장 13절 말씀, "사람이 친구를 위하여 자기 목숨을 버리면 이

보다 더 큰 사랑이 없나니"와 요한일서 4장 8절 말씀, "사랑하지 아니하는 자는 하나님을 알지 못하나니 이는 하나님은 사랑이심이라"와 고린도전서 13장의 '사랑의 덕목 열다섯 가지'와 갈라디아서 5장의 '성령의 열매 아홉 가지' 중 하나인 사랑과 베드로후서 1장 '믿음의 덕목 일곱 가지' 중 하나인 사랑 등, 내 안에 새겨진 사랑에 관한 말씀들이 오버랩되어 떠오르면서 더 깊은 묵상을 하게 됩니다.

이처럼 여러 성경 구절이 연결되어 새로운 지혜를 깨닫게 되는 묵상이 '3단계 묵상'입니다.

### 4단계 묵상

말씀 묵상은 인간의 의지와 성령의 감동이 어울려 이뤄집니다. 그런 의미에서 앞서 말한 1,2,3단계 묵상은 인간의 의지와 생각이 큰 비중을 차지하는 데 비해, 4단계는 전적으로 강력한 성령의 역사와 감동이 주관하고, 인간의 의지와 생각은 오직 이에 순종하는 묵상이라 할 수 있습니다.

《Keep in Memory: How to Enjoy Bible Memorizing with Profit》(암송을 지속하라)의 저자 N. A. Woychuck은 일찍이 자신이 성경 요절 500절을 암송한 후 2,3년이 지났을 때, 하나님께서 그 말씀들을 사용하여 자신을 구원하셨다고 고백합니다.

"나는 암송 캠프에서 밤을 하얗게 새워가며 말씀을 묵상했던 것을 기억합니다. 하나님은 디모데후서 3장 15절과 요한복음 1장 12절을 묵상케 하셨고, 말씀을 통해 나의 캄캄했던 영안이 활짝 열리고 밝아 졌습니다. 나는 그 말씀을 통해 그리스도를 '영접'했고, 비로소 하나님 의 아들이 되었습니다."

그는 500절을 암송하면서도 구원의 확신이 없었습니다. 그러나 때 가 이르러 암송했던 말씀이 역사하셔서 거듭남을 체험했고, 그 뒤로 주 를 기쁘시게 하는 일에 헌신하게 되었다고 말합니다.

303비전성경암송학교 유니게 과정의 주부 수강생들은 비교적 먼 데 서 자가용이나 대중교통을 이용하여 모임 장소에 옵니다. 대부분의 젊 은 주부는 어린 자녀를 업거나 안고, 유모차에 태우거나 손을 잡고 옵 니다. 그러다 보니 절반에 가까운 수강생이 강의 도중에 도착하는 경 우가 많습니다. 물론 30분 전에 미리 도착하는 분도 있지요. 그래서 기 도 중에 주께서 지혜를 주셔서 '보너스 시간'을 갖기로 했습니다.

강의 시작 시간까지 수강생이 3인 이상 출석하면, 나의 환난 극복의 간증(시 119:67,71), 우리를 향한 하나님의 뜻(살전 5:16-18), 기도 응답의 간증(마 7:7,8) 등 말씀암송과 합력하여 선을 이루시는 하나님의 역사하 심에 관한 특강을 해주었습니다.

이를 위해 기도로 준비할 때, 어느 주간은 시편 37편 1-7절을 묵상했 는데, 당일 새벽예배 때 갑자기 주님이 이사야서 40장 31절을 묵상케 하셨습니다. 그리하여 성령님의 강력한 인도하심에 순종했더니, 마침 한 수강생으로부터 그날 보너스 시간 말씀으로 큰 도움을 얻었다는 감격 어린 고백을 듣기도 했습니다.

이처럼 하나님께서는 내 의지와는 전혀 다른 말씀을 묵상케 하시고, 이에 순종하면 크고 비밀한 일을 보여주시기도 합니다. 이와 같은 묵상이 '4단계 묵상'입니다.


## 암송 지속의 비결

나는 젊은 날에 감명 깊게 읽었던 일서 《青年の道》(청년의 길)에서 본 네 가지 성공 비결을 잊지 못합니다. 바로 '반성, 결심, 실천, 지속'입니다.

반성하는 사람은 많습니다. 그러나 그들이 다 결심하는 건 아닙니다. 또한 결심하는 사람은 더러 있지만, 이를 실천에 옮기는 사람은 드뭅니다. 무엇보다 실천을 지속하는 사람은 거의 없습니다.

이를 바꿔 말하면, 성공을 향해 꿈을 품고 좋은 출발을 하는 사람은 있어도 끝까지 성공의 고지에 이르는 사람은 극히 드물다는 거지요. 물론 성공의 의미가 저마다 다르겠지만, 일반적으로 성공이라 하면 선한 목표의 열매를 거두는 게 아닐까요?

젊은이의 특징 중 하나는 감동을 잘 받고, 새로운 결단을 쉽게 내리고, 실천의 첫발을 힘차게 내딛는다는 것입니다. 이는 실로 칭찬할 만한 일이나 지속이 취약하다는 문제가 있습니다. 심성이 순수하고 열정이 뜨거운 건 젊은이의 자랑이지만, 열기가 쉽게 식고 끈기가 부족한 건 인생 초년생인 젊은이들의 공통된 약점이기도 합니다. 비단 젊은이뿐이겠습니까? 지속하지 못하는 어른들도 어찌 그리 많은지요.

학문, 사업, 운동 등 무엇을 하든지 지속은 성공으로 가는 필수 요건입니다. 우리는 성공하기를 갈구하면서 왜 지속하지 못할까요?

가장 큰 이유는 '영적 방해'와 비전 없음으로 인한 '게으름'입니다. 꿈이 있는 사람만이 지속할 수 있습니다. 꿈을 향한 뜨거운 열정과 실천하겠다는 확고한 의지에 투철한 사명 의식이 더해져야 합니다. 또한 성취의 희열을 느낄 수 있는 사람이어야 합니다. 이 모두를 겸비한다면 지속을 견지할 수 있을 것입니다.


나는 10여 년 전부터 하나님의 은혜로 건강과 경건을 위하여 날마다 7-10킬로미터를 말씀을 암송 묵상하며 즐겁게 걷기 시작했습니다. 지금은 4킬로미터로 줄었지만 말입니다.

처음에는 여러 가지 어려움을 이겨내야 했습니다. 몸살이 수시로 찾아오고, 빙판에 미끄러져 발목을 다치고, 뒤로 걷다가 넘어지기도 하는 등 날마다 지속하기 어려운 일들이 닥쳤습니다. 비가 오나 눈이 오나 계속하기란 웬만한 각오와 결심 없이는 정말 어려운 일이었지요. 비바람이 불거나 눈보라가 치는 날에는 내 의지도 약해지기 쉬웠지만, 아내의 끈질긴 만류를 이겨내는 일까지 두 배로 힘들었습니다.

그러나 꿈과 기도와 의지로 이를 이겨내고, 마침내 습관이 되고부터는 모든 게 즐거움으로 변했습니다. 유난히 가늘고 허약했던 허벅지와 종아리에 힘살이 붙고 뱃살이 빠지면서 발걸음이 가벼워지더니 날마다 어린아이처럼 마냥 기뻤습니다.

여름은 물론이요, 겨울에도 날마다 새벽예배를 오가는 동안 말씀을 암송하거나 묵상했습니다. 퇴근 후 늦은 밤에 풀 코스를 걷고 집에 돌아와서 땀으로 흠뻑 젖은 몸을 씻고 나면 날아갈 듯한 상쾌함을 느꼈지요.

나는 걷기 운동과 함께 상체운동도 하기 시작했습니다. 마침 산책 코스인 탄천 고수부지 잔디밭에 멋진 철제 평행봉이 세워졌습니다. 처음엔 두 팔을 걸치고 매달릴 엄두조차 내지 못했습니다. 천근이나 되는 듯한 몸을 지탱할 힘이 내 두 팔엔 전혀 없었기 때문이지요.

그래서 우선 팔의 힘을 기르기 위해 45도 각도로 냇가 방책을 잡고 비스듬히 서서 팔굽혀펴기를 시작했습니다. 처음엔 오십견의 후유증으로 10회도 제대로 할 수 없었습니다. 그러나 날마다 조금씩 횟수를 늘려갔고, 계속하면 1년 안에 100회는 할 수 있으리라는 확신이 들었습니다.

서너 달이 지나자 45도 각도로 팔굽혀펴기를 50회 하고, 똑바로 서서 방책 기둥을 잡고 앉았다 일어서기를 30회 한 다음, 다시 45도 각도로 팔굽혀펴기를 50회 했습니다. 횟수가 중요한 건 아닙니다. 다만, 꾸준히 지속하면 해가 갈수록 노쇠해가는 자연인의 몸도 점점 더 강해지고 근육도 붙어서 역삼각형의 몸을 이룰 수 있으리라는 확신이 생겼습니다.

"이유를 대지 마라. 변명하지 마라. 오르고 또 오르면 못 오를 산이 어디 있으며, 누군들 못 오를 이가 있겠는가? 게으른 자는 불평을 말하고 부지런한 자는 희망을 말한다.”

이것은 고등학교 시절부터 즐겨 써온 나 자신을 위한 격려사입니다.

부지런하여 게으르지 말고 열심을 품고 주를 섬기라 롬 12:11

말씀을 사모하는 크리스천이라면 누구든 말씀암송과 묵상의 맛에 길들여지면 황홀경에 빠지게 마련입니다. 사람이나 환경에 따라 차이가 있을 수 있지만, 말씀암송을 생활화하고 습관화하는 확실한 길이 반드시 있을 것입니다.

암송을 지속하기 위한 조언을 몇 가지 드리겠습니다.

### 1. 말씀을 간절히 사모하라

어떤 때는 암송이 잘되고 은혜가 넘치는가 하면, 어떤 때는 정반대인 것을 적잖이 경험합니다. 마음에 기쁨이 있고 감동이 넘칠 때는 성경을 통째로 암송하여 삼켜버리고 싶은 충동을 느끼다가도, 컨디션이 좋지 않거나 피로할 때, 세상일에 치이고 걱정, 근심에 휩싸일 때, 혹은 새벽예배에 오래 나가지 못할 때는 틀림없이 정반대의 현상이 일어납니다.

하나님의 말씀을 사랑하는 건 의지나 결단만으로는 되지 않습니다. 말씀이 너무 좋아서 못 견디는 마음을 주께서 주셔야 합니다. 사랑하는 사람에게는 내 소중한 것을 다 주고 싶고, 그를 가까이하는 게 마냥 좋아서 늘 함께하기를 원하는 게 사람의 본능입니다.

말씀을 암송하고자 하는 어느 성도가 말씀을 사모하지 않겠습니까? 그러나 실제로는 사모함 없이 말씀을 암송하려는 성도를 가끔 봅니다. '암송학교 숙제니까' 혹은 '남에게 자랑하고 싶어서' 등 사모함 없이 암송하려는 사람이 열에 한둘은 있기 마련이지요. 그런 사람은 십중팔구 "왜 이렇게 암송이 안 되지요?", "왜 이렇게 헷갈리지요?"라며 불평을 늘어놓거나, 겨우 암송하기 시작한 처지에 "자꾸 까먹지 뭐예요"라고 합니다. 이 외에도 다음과 같은 현상이 나타납니다.

- 더 쉽고 편하게 말씀암송 하기를 원한다
- '나는 원체 암송에 소질이 없다'라며 회피하려 한다
- 아무리 집중해서 암송하려 해도 잡념만 떠오른다
- 처음에는 말씀암송이 꿀송이같이 달더니 어느새 덤덤해진다
- 마음으로는 날마다 암송을 지속하고 싶지만, 하루 이틀 지나는 사이에 이미 암송한 말씀도 다 잊어버린다
- 다시 시작하려 해도 도무지 엄두가 나지 않는다
- '나는 암송과는 인연이 없나 보다' 하고 포기해버린다

마음은 원이로되 몸이 말을 안 듣고 여건이 허락되질 않습니다. 결국 성도의 암송 생활은 중단되고 말지요.

대책은 없는 걸까요? 하나님의 말씀을 사모하고 간절히 기도하며,

구체적인 대안을 마련하면 결코 불가능한 일은 아닐 겁니다.

돌이켜보면, 나는 주변의 도움 없이 혼자서 30여 년 동안 꾸준히 말씀암송과 묵상 생활을 해왔습니다. 오직 하나님의 은혜를 입었기 때문임은 더 말할 나위가 없지요. 동시에 믿음의 초창기 10여 년간은 경제적인 어려움도 뚫고 나와야 했기에, 부득불 하나님의 말씀의 위로와 감동을 갈구하게 되었지요. 결국 그 계기로 고난을 통해 말씀을 붙잡는 생활이 가능하다는 걸 깨달았습니다.

> 고난 당하기 전에는 내가 그릇 행하였더니 이제는 주의 말씀을 지키나이다
> 시 119:67

> 고난 당한 것이 내게 유익이라 이로 말미암아 내가 주의 율례들을 배우게 되었나이다 시 119:71

달리 피할 길 없는 막다른 길에 몰려서야 비로소 절대자에게 매달리는 연약한 나를, 하나님께서는 너무 잘 아셔서 합당한 어려움과 함께 지혜와 은혜를 지속적으로 베풀어주셨습니다.

> 사람이 감당할 시험밖에는 너희가 당한 것이 없나니 오직 하나님은 미쁘사 너희가 감당하지 못할 시험 당함을 허락하지 아니하시고 시험 당할 즈음에 또한 피할 길을 내사 너희로 능히 감당하게 하시느니라 고전 10:13

나뿐 아니라 누구든 평안한 가운데 암송 생활을 지속한다는 건 불가능에 가까운 일이 아닌가 싶습니다. 그렇다면 오늘날 우리나라의 성도들은 너무 평안한 환경으로 인해 암송 생활을 지속하지 못하는 걸까요? 꼭 그런 이유만은 아닐 것입니다.

말씀을 사모하는 마음이 부족하거나, 아직 때가 이르지 않아서일 수도 있습니다. 앞서 소개했던, 500절을 암송했으나 구원의 확신이 없었던 N. A. Woychuck의 간증을 떠올려보십시오.

하나님께서 성경을 통해 우리에게 계시하신 말씀을 사모하는 마음으로 암송하고 주야로 묵상하는 사람에게 그분은 사귐의 길을 늘 열어 놓고 계십니다. 이 사실을 성경을 통해서, 30여 년간의 체험을 통해서 깨달았습니다.

> 그가 사모하는 영혼에게 만족을 주시며 주린 영혼에게 좋은 것으로 채워주심
> 이로다 시 107:9

## 2. 암송을 최우선으로 삼아라

현대인의 특징 중 하나는 '바쁨'입니다. 바쁘다는 건 할 일이 많다는 뜻이지요. 하루하루 일에 쫓겨 사는 이들에게 일의 우선순위를 정하고 지키는 건 지혜입니다.

급한 일이 있고 덜 급한 일이 있으며, 중요한 일이 있고 덜 중요한 일이 있습니다. 또한 급한 일 중에서도 중요한 일과 덜 중요한 일이 있고,

덜 급하지만 중요한 일과 덜 중요한 일이 있게 마련입니다. 지혜로운 사람은 중요한 일을 우선으로 삼기에 바쁜 중에도 여유 있는 삶을 삽니다. 중국의 석학 린위탕의 말이 생각납니다.

"미국인들은 일에 쫓겨 바쁘게 살지만, 우리 중국인들은 일을 부리며 여유롭게 산다."

중요한 일을 먼저 행하는 사람은 인생의 여유로움을 즐기면서 할 일을 다 하며 살 수 있습니다.

"요즘 바빠서 암송을 제대로 못 했습니다."

"휴가철이라 오랫동안 암송을 못 했더니 아이들이 많이 잊어버린 것 같아요."

"교회 행사 때문에 한참 동안 암송을 하지 못했어요."

이유를 대려고 들면 한이 없습니다. 대신 말씀암송과 말씀암송 가정예배를 우선순위로 작정해놓으면, 형편에 따라 암송 분량이나 예배순서의 차이는 다소 있을지라도 매일 지속할 수 있을 것입니다.

무슨 일이든지 한 가지에 집중하면 언젠가는 놀랍게 결실하는 법입니다. 성도가 말씀암송이라는 거룩한 일을 생활화하려면 적극성과 실천력을 가지고 말씀암송의 우선순위에 집중할 필요가 있습니다. 일을 행하시는 하나님께 쓰임 받는 자는 그분의 일에 우선순위를 두고 집중하는 사람입니다. 올림픽 금메달리스트, 세계적인 기업가, 대학자, 뛰어난 예술가들은 한결같이 삶의 우선순위가 분명하고, 끈기 있게 훈련과 연구를 한 사람들입니다. 한 가지 일에 우선순위를 두고 지속적으로 집중하여 성공하지 못한 사람이 없고, 한 가지 일에 지속적으로 집중하지 않은 사람이 성공한 예가 없습니다.

한 가지 일에 우선순위를 두고 지속적으로 노력하면 반드시 큰 열매를 맺는다는 지극히 평범한 진리를 아는 사람은 많으나, 이를 실천하는 사람은 적습니다. 이것이 인간의 비극일 것입니다.

그런즉 너희는 먼저 그의 나라와 그의 의를 구하라 그리하면 이 모든 것을 너희에게 더하시리라 마 6:33

### 3. 기도하고 암송하라

잘되던 암송도 피곤하거나 정신이 산만하면 헷갈릴 때가 있습니다. 그럴 때는 즉각적으로 하나님께 회개 기도를 드리고 다시 시작하면 놀랍도록 암송이 잘되는 걸 경험합니다.

성령님의 도우심으로 하나님의 말씀을 암송하는 사람은 복이 있습니다. 하나님은 영이시며, 성경은 하나님의 감동으로 기록된 말씀이므로 경건한 영혼에게 맑고 밝은 기억력을 주십니다. 연약하여 넘어지기 쉬운 우리는 미쁘신 하나님께 말씀을 사모하는 마음을 늘 구하며 말씀에 의지하여 기도해야 합니다.

그러므로 내가 너희에게 말하노니 무엇이든지 기도하고 구하는 것은 받은 줄로 믿으라 그리하면 너희에게 그대로 되리라 막 11:24

우리가 마음과 뜻을 다하여 믿고 기도하면 하나님께서 응답하신다고 약속하셨습니다(마 21:22 ; 요 14:14). 주님께서는 때로 우리가 감히 드리는 유치하고 부끄러운 기도까지도 들어주십니다. 하물며 주님의 뜻대로 드리는 기도에 응답하시지 않겠습니까? 기도하면 반드시 응답해 주신다는 믿음으로 기도하고, 또 그대로 응답을 받으며 사는 사람은 복 있는 사람입니다.

성경에 약속하신 하나님의 말씀은 너무나 풍성합니다. 우리가 다 알지 못해 그 약속의 말씀을 시간의 흐름 속에 흘려보내는 일이 얼마나 많은지요. 이것이 사람도 안타깝기 그지없는데, 하나님께서는 얼마나 안타깝고 속이 터지실까요?

말씀암송은 기도가 꼭 필요합니다. 말씀암송의 궁극적인 목적은 말씀을 내 안에 모시고 살면서 수시로 그 말씀이 명하시는 대로, 기뻐하시는 대로 순종하기 위함입니다. 사람은 하나님께 기도하기는 부지런히 하면서 말씀에 순종하기는 게으른 편입니다. 그러므로 성도는 순종할 마음으로 기도하면서 암송을 지속해야 합니다.

하나님은 영이시기에 그분과 교제하는 길은 영적 통로밖에 없습니다. 기도가 그 첫째 되는 길이요, 말씀을 읽고 느끼고 적용하며 깨닫는 길입니다. 때로는 우리의 의지와는 상관없이 주께서 일방적으로 몰아붙여서 기도하게 하시고, 회개의 영을 부어주셔서 눈물 콧물 쏟으며 부르짖게도 하시며, 기도를 통해 주님의 음성을 듣게 함으로써 그분과의 사귐이 이루어지게도 하십니다. 참으로 오묘하신 하나님의 섭리를 어찌 불완전한 인간이 감히 다 안다 할 수 있겠습니까?

> 육신을 따르는 자는 육신의 일을, 영을 따르는 자는 영의 일을 생각하나니 육
> 신의 생각은 사망이요 영의 생각은 생명과 평안이니라 롬 8:5,6

또한 말씀암송과 기도 생활은 거듭남의 감동과 함께합니다. 거듭남의 은혜를 입으면 영의 일을 생각하는 것이 자연스러워지고, 거기엔 생명과 평안이 따릅니다. 육신을 좇는 사람이 아무리 영의 일을 생각하려 해도 그것은 불가능하지요.

마찬가지로 우리가 말씀암송을 하려고 아무리 노력해도 거듭남의 기쁨과 감격, 곧 성령충만을 받지 않고는 암송이 잘 이뤄지지 않을 뿐 아니라 지속할 수도 없습니다. 거룩하신 하나님의 말씀이기에 신령과 진정으로만 암송 생활을 이어갈 수 있지요. 그러므로 암송의 생활화를 위해 항상 거듭남을 사모하는 기도를 간절히 드려야 합니다.

말씀암송과 기도는 한쪽으로 치우치기 쉽습니다. 암송에 힘쓰다 보면 기도가 소홀해지기 쉽고, 기도에 힘쓰다 보면 암송이 소홀해지기 쉽습니다.

나는 마땅히 기도해야 할 시간인 줄 알면서도 말씀을 암송하며 묵상하는 것이 너무 좋아서 기도를 미루고 암송을 지속하는 경우가 가끔 있습니다. 그럴 때 마음에 찔림을 받다가도 로마서 8장 26,27절 말씀으로 위로를 받습니다. 우리의 마음을 살피시는 하나님께서 우리를 대

신하여 그분의 뜻대로 간구하시는 성령님의 기도를 들으신다는 걸 생각하면 얼마나 마음이 든든한지 모릅니다.

이와 같이 성령도 우리의 연약함을 도우시나니 우리는 마땅히 기도할 바를 알지 못하나 오직 성령이 말할 수 없는 탄식으로 우리를 위하여 친히 간구하시느니라 마음을 살피시는 이가 성령의 생각을 아시나니 이는 성령이 하나님의 뜻대로 성도를 위하여 간구하심이니라

내가 말씀을 사모하는 마음으로 즐겨 암송, 묵상하는 사이에 성령님께서 나를 대신하여 죄성을 가진 인간의 기도보다 하나님을 훨씬 기쁘시게 하는 기도를 해주신다는 사실을 깨닫고부터는 마음 놓고 한 시간, 두 시간 말씀을 암송하며 묵상의 황홀경에 빠지곤 합니다.

말씀을 암송할 때 가장 먼저 나타나는 효과가 바로 '신령한 기도'입니다. 일방적인 "주시옵소서" 기도가 변하여 하나님의 은혜에 감사하게 되고, 하나님의 신실하신 약속을 기억하여 그분의 뜻대로 간구하게 됩니다.

반면에 말씀암송과 묵상 없이 기도에만 힘쓰다 보면, 인간의 연약함 때문에 기복적인 기도로 치우치기 쉽고, 그 기도가 깊어지면 악한 영의 지배를 받을 가능성이 커집니다.

또한 기도 없이 말씀암송만 하거나 사모함 없이 자랑하기 위해 말씀을 암송하면 교만해지기 마련입니다. 그러므로 먼저는 말씀을 사모

하는 마음이 요구되며, 기도가 함께하는 말씀암송 훈련이 꼭 필요합니다.

구하는 이마다 받을 것이요 찾는 이는 찾아낼 것이요 두드리는 이에게는 열릴
것이니라 마 7:8

방해 세력을 이기기 위해서도 기도가 꼭 필요합니다. 사단은 말씀이 있는 곳에 거할 수 없으며, 말씀을 가까이하는 사람에게서 쫓겨납니다. 그러니 필사적으로 방해하지요. 사단은 그럴싸한 명분을 찾아 말씀을 안 읽도록 설득하므로 기도하지 않는 성도, 게으른 성도는 넘어갈 수밖에 없습니다.

### 4. 지속의 강제적 장치를 마련하라

"한배 새끼도 아롱이다롱이"라는 속담이 있습니다. 같은 핏줄이어도 성품은 다 달리 태어나기 마련이라는 뜻이지요. 어려서부터 스스로 제 할 일을 찾아 잘 감당하는 자녀가 있는가 하면, 부모의 도움 없이는 제대로 서지 못하는 자녀도 있습니다.

우리는 똑같이 하나님의 자녀입니다. 그러나 어떤 이는 스스로 올바른 믿음의 길을 걸어가는가 하면, 어떤 이는 그렇지 못합니다. 말씀암송도 마찬가지입니다. 어떤 이는 스스로 즐겨 암송하는가 하면, 어떤 이는 남의 도움 없이는 못 합니다.

그런데 후자가 너무 많다는 게 문제입니다. 대부분의 성도가 스스로 아무리 굳게 결심해도 암송을 지속하지 못합니다. 하지만 이런 사람에게도 어떤 구속력이 가해지면 대개 감당해나갑니다. 그래서 가끔은 구속력이 필요합니다.

1999년, 나는 성경암송학교를 꿈꾸며 섬기던 교회에서 1년간 무료로 매주 오후 2-4시까지 엄마와 아이들을 훈련한 소중한 경험 위에 이슬비성경암송학교 유니게 과정을 열었습니다. 처음에는 1단계 100절을 6주에, 2-5단계까지 100절씩을 각각 3개월에 마치도록 커리큘럼을 짜서 그대로 훈련시켰습니다. 그러다가 지금은 1,2단계 100절씩을 각각 7주에 마치도록 하고, 3단계부터는 가정에서 자녀들과 함께 암송하도록 권장하고 있습니다.

그러나 말씀을 암송하고 수료할 때 기쁨과 감격이 하늘을 찌를 것 같다가도 교육을 마치고 몇 달 후에 전화해보면, 한결같이 이렇게 대답합니다.

"죄송합니다. 교회일 하랴, 집안일 하랴, 직장 혹은 생업에 매달리느라 암송을 지속하지 못하다 보니 말씀을 거의 다 잊어버렸어요."

나는 어떻게 하면 엄마들이 말씀암송을 지속하면서 자녀에게 암송 훈련을 할 수 있을까 고민하며 하나님께 간구했습니다. 그러자 주님은 유니게 과정을 수료한 엄마들끼리 4,5명씩 그룹을 만들어 매주 모여서 암송을 지속하게 하라는 마음을 주셨습니다.

이를 강력히 권면한 결과 2005년부터 2단계 훈련을 마친 엄마들의 모임이 생기기 시작했습니다. 바로 '303비전 와이즈머더즈클럽'(303Vision-Wise Mothers Club)이 생겨났고, 이를 줄여서 '303비전 왐클럽'이라고 이름 지었습니다.

하나님의 말씀을 암송하는 것은 거룩한 작업입니다. 나는 이를 지속하기 위한 구속력의 장치를 '거룩한 매임'이라 부릅니다. 이를테면 '303비전장학회', '303비전꿈나무장학회', '303비전 왐클럽', '303비전성경암송학교'와 같은 거지요.

바쁘고 할 일 많은 세상에서 매일같이 반복하여 말씀을 암송하고, 말씀암송 가정예배를 드리는 건 거룩한 매임이 없이는 어렵다는 걸 절감합니다. 한 집사님의 고백에서 그 답을 찾을 수 있습니다.

"장로님, 제가 예수 믿은 지 20년이 되었는데요, 처음 믿기 시작할 때부터 고린도전서 13장이 너무 좋아서 외워보려고 여러 번 시도했지만 최근까지 뜻을 이루지 못하고 있었어요. 그런데 암송학교에 등록하고 불과 일주일 만에 고린도전서 13장뿐 아니라 신명기 6장 4-9절과 마태복음 7장 7,8절까지도 거뜬히 외웠으니, 얼마나 기쁘고 자랑스러운지 모르겠어요. 제 능력에 놀랐지 뭐예요."

내 경우를 생각해봅니다. 내가 만일 1995년부터 이슬비장학생회(303비전장학회의 전신)를 세워 장학생들에게 성경암송을 시키지 않았더라면, 우리말 1,000절과 영어로 200절의 말씀을 암송할 수 없었을 것입니다. 그러므로 각자 나름대로 자기에게 맞는 거룩한 매임을 마련하는 것이 암송을 지속하는 지혜입니다.

303비전장학생으로 선발된 신학생이 말씀암송을 못하는 경우는 극히 드뭅니다. 1기였던 12명에게는 암송을 시킬 생각을 미처 하지 못했습니다. 그러나 기도 끝에 2기는 2년 동안 500절을, 3-6기는 750절을, 7기부터는 1,000절의 말씀을 암송시켰습니다. 그러나 안타깝게도 훈련을 마친 후에는 대부분의 장학생이 말씀암송을 지속하지 못하는 걸 보았지요.

그 책임은 말할 것도 없이 당사자에게 있으나, 절반 이상의 책임이 내게 있음을 뒤늦게 깨달았습니다. 그들에게 거룩한 매임을 마련해주지 못했던 거지요. 이 장치를 마련하는 데는 지혜가 필요합니다. 암송학교 교육을 받았던 수천 명의 유니게 과정 수료생과 앞으로 있을 무수한 예비 수료생에게 확실하고 평생 누릴 수 있는 거룩한 매임을 마련해주기 위해 기도하고 있습니다.

### 5. 말씀암송을 생활화하기로 서원하라

하나님의 자녀는 제아무리 의지가 연약한 자라도 그분께 간절히 기도하며 매달리면 엄청난 일을 감당해낼 수 있습니다.

나는 겁이 많고, 소심하고, 잘 울고, 잘 놀라고, 무서운 영화를 보면 금세 가슴이 쿵덕쿵덕 방망이질 치는 얼뜨기 소년이었습니다. 그런 사람이 마흔에 예수님을 영접하고 뒤늦게 기독교 출판을 하겠다고 뛰어들어 이 험난한 세상을 살아올 수 있었던 건 전적인 하나님의 은혜입니다. 진실로 하나님은 내 작은 기도조차 다 응답해주신다는 확신을 갖고 살아왔기에 오늘까지 살아남았다고 생각합니다.

물론 본성이야 어디로 가겠습니까? 이 나이에도 슬픈 사연이 실린 신문을 읽다 눈물짓고, 이산가족이 만나는 장면을 보면서 주체할 수 없이 흐르는 눈물을 닦아내느라 정신이 없습니다. 그러나 두려움이나 불안은 비교적 쉽게 이겨내며 삽니다. 하나님이 항상 함께하신다는 믿음과 기도 덕분이지요.

> 여호와는 나의 빛이요 나의 구원이시니 내가 누구를 두려워하리요 여호와는
> 내 생명의 능력이시니 내가 누구를 무서워하리요 시 27:1

믿음은 믿어져야 함을 깨닫습니다. 사랑도 마찬가지입니다. 사랑하는 마음이 내 속에서 우러나야 참사랑이지, 나의 의지나 이성으로 사랑하려 한다고 되는 게 아닙니다. 두려움도 마찬가지지요. 두려워하지 않으려고 아무리 애써도 속에서 생겨나는 두려움을 이겨낼 수 없습니다. 그러나 주께 간절히 기도하면 모든 두려움이 사라지고 평안이 찾아옵니다.

말씀암송도 마찬가지입니다. 아무리 암송하려고 노력해도 말씀을 사모하는 마음이 우러나지 않으면 외워지지 않습니다. 성도의 모든 것은 주의 도우심으로 이뤄지고, 모든 성도는 주님 없이 살 수 없습니다. 말씀암송을 지속하여 생활화하기 위해서는 처음부터 끝까지 주님께 의지하는 수밖에 없지요.

그런데 문제는 주님께 의지할 뿐 아니라 서원을 해야 하는데, 이것이 쉽지 않다는 것입니다. 간구하기는 비교적 쉽지만 서원은 쉽지 않습니다. 간구하면 응답은 주님께로부터 오지만, 서원하면 이를 실행할 책임이 전적으로 사람에게 있기 때문입니다.

우리는 쉽게 사는 데 이력이 난 존재들이기에 되도록 피땀 흘리지 않고 평안히 살기를 원합니다. 그러므로 마음이 연약한 성도가 말씀암송을 생활화하기 위해서는 부득불 '죽으면 죽으리라'라는 각오로 하나님께 서원하지 않으면 안 됩니다.

> 네가 하나님께 서원하였거든 갚기를 더디게 하지 말라 하나님은 우매한 자들을 기뻐하지 아니하시나니 서원한 것을 갚으라 전 5:4

말씀암송을 목숨 걸고 생활화하겠다고 하나님께 서원해놓으면 자신을 추스르는 데 큰 도움이 됩니다. 우리의 각오와 의지만으로는 말씀암송을 지속하기 어려우나, 하나님께 서원하고 지키려 하면 저절로 기도를 지속하게 되고, 주님께서 힘을 더해주심으로 넉넉히 감당할 수 있지요.

하나님께 서원한 것을 주변 사람들에게 알리는 것도 좋습니다. 배우자나 자녀에게 선포해놓으면 거룩한 매임이 되지요. 구역 식구들이나 교회에 선포해도 좋지만, 이는 다분히 오해를 살 소지가 있습니다. 자기 자랑으로 받아들이기 십상이기 때문이지요. 그러나 중심을 보시는 하나님께서는 그렇게 하는 게 연약한 자아를 추스르기 위한 이중 방어 장치임을 아십니다.

말씀을 늘 암송, 묵상하는 것은 말씀의 거울 앞에 벌거벗은 자아를 비춰보는 일입니다. 성도의 성결한 삶은 오직 성령의 감동으로 말씀의 거울에 비친 자아를 추스르며 살 때만 가능합니다. 그러기 위해 말씀을 늘 암송할 수 있는 이중 삼중의 확실한 방어 장치가 필요합니다.

### 6. 투철한 사명 의식을 가져라

내가 오늘까지 자나 깨나 말씀암송과 더불어 살 수 있었던 원동력은 다음과 같습니다.

첫째, 하나님께서 말씀을 사모하는 마음을 주신 것.

둘째, 사업상 극한의 경제적 어려움이 10여 년간 지속되는 동안 말씀으로 위로받고, 힘과 지혜를 얻게 하신 것.

셋째, 일찍이 303비전을 주셔서 이 사명을 다하기 위해 장학회를 세워 신학생들을 훈련시키게 하신 것.

넷째, 303비전을 이루기 위해 303비전성경암송학교를 세워 유니게 과정을 통해 어머니, 할머니, 교회학교 교사, 목사, 전도사, 사모 교육을 실시하게 하신 것.

이 중에서도 셋째와 넷째의 303비전의 푸른 꿈을 펼치기 위한 사명

의식은 내가 스스로 말씀암송을 생활화하는 데 가장 큰 동기부여가 되었음을 새삼 깨닫습니다.

젊음의 특징은 꿈이 있고 열정이 있다는 것입니다. 꿈과 열정이 있으면 70,80세가 되어도 백발의 젊은이입니다. 모세, 여호수아, 갈렙이 그랬습니다. 꿈이 없고 열정이 없으면 20,30세여도 애늙은이입니다. 오늘날 꿈을 잃은 젊은이들은 안타깝게도 애늙은이에 불과합니다.

꿈은 이루어지게 마련입니다. 꿈이 있는 곳에 생기가 돌고, 더욱 부지런히 열심을 내게 되니까요. 꿈이 있는 사람은 어떤 어려움이 닥칠지라도 넉넉히 이겨나갑니다. 무엇보다도 주님 안에서 꿈과 사명 의식이 있으면 항상 마음에 기쁨이 있고, 흔들림이 없으며, 일의 우선순위가 정해져 능률이 오르고 효과적으로 일할 수 있습니다.

세상 돌아가는 것이 바람직하지 못할 뿐 아니라 때로는 절망적일지라도, 우리는 내일의 황홀한 꿈과 사명 의식이 있기에 더욱 힘내어 달려갈 수 있습니다. 사명 의식만 투철하다면 말씀의 생활화를 이뤄가는 데 우선순위를 두고, 불철주야 전력투구하는 21세기 '홀리 클럽'(Holy Club)이자 창조적 소수가 될 줄 믿습니다.


## 암송을 방해하는 요소

우리는 누구나 원하는 선은 행하지 않고, 도리어 원치 않는 악을 행하는 곤고한 존재입니다. 게다가 사단은 그리스도인을 넘어뜨리기 위해 쉼 없이 궤계를 부리며 삼킬 자를 찾아다닙니다.

> 근신하라 깨어라 너희 대적 마귀가 우는 사자같이 두루 다니며 삼킬 자를 찾
> 나니 벧전 5:8

하나님의 말씀을 암송하는 것은 그분을 항상 내 안에 모시고 살기 위한 필수조건입니다. 그러므로 사단이 가장 두려워하고 싫어하는 게 성경암송일 수밖에 없음은 자명합니다. "성령의 검 곧 하나님의 말씀"(엡 6:17)이 그리스도인의 손에 쥐어지면 사단이 그를 농락하기가 점점 어려워질 게 아닙니까? 그래서 온 힘을 다해 성경암송을 방해합니다.

세계적인 병법서인 《손자병법》에 나오는 "지피지기백전불태"는 널리 알려진 말입니다. '적을 알고 나를 알면 백 번 싸워도 위태롭지 않다, 곧 싸우는 족족 이길 수 있다'라는 뜻입니다.

그리스도인이 사단과의 영적 전쟁에서 승리하려면 먼저 자신을 알고 사단을 알아야 합니다. 그렇다면 사단이 어떤 방법으로 그리스도인을 공격하는지 알아보겠습니다.

- '성경암송은 어렵다'라는 생각에 빠지게 한다
- '말씀암송보다 성경 쓰기가 더 좋겠다'라고 생각하게 한다
- '나는 기억력이 나빠서 암송은 엄두도 못 낸다'라는 마음을 갖게 한다
- '이해하면 됐지, 암송까지 할 필요가 뭐 있어'라는 생각을 심어준다

- '지금이 어느 땐데 이런 걸 해'라며 암송 무용론을 펼치게 한다
- 암송을 열심히 해서 그 기쁨을 발견한 성도가 있으면, 지속하지 못하도록 여러 가지 방해 공작을 펼친다
- 암송에 심취한 성도가 기도를 못 하도록 마음을 강퍅하게 만든다
- 어느 정도 암송한 성도에게 자만심을 심어주어 실족케 한다
- 바쁘게 만들거나 불편한 환경을 조성해 암송을 멀리하게 한다
- 성경암송은 많이 했으나 삶이 바람직하지 못한 성도를 보게 함으로써 암송하고자 하는 성도를 실망시킨다

이 모든 사단의 공략을 이기기 위해서는 내 속에 내재한 죄성(sinful nature)을 이해해야 합니다.

# 말씀암송과 자녀교육

PART

3

# ♫♪ 태교의 노래

말씀이신 내 주여 주의 사랑 감사합니다
주의 크신 은혜로 주의 자녀 주셨사오니
낮이나 밤이나 주를 찬송하겠네
말씀암송하면서 주의 사랑 찬양합니다

진리이신 내 주여 주의 은혜 감사합니다
천하보다 더 귀한 태의 생명 받았사오니
이 생명 다하여 주께 충성하겠네
말씀 묵상하면서 주의 은혜 사모합니다

영원하신 내 주여 주의 권능 찬양합니다
나의 기도 들으사 귀한 자녀 주셨사오니
온 정성 다하여 주께 서원 갚겠네
말씀 순종하면서 주의 뜻을 이루렵니다

세상 모든 사람들 말씀 태교 신비 모르나
주의 말씀 태교로 빚된 자녀 품게 하소서
이 영혼 이 가정 주의 도구 삼으사
주의 크신 역사로 신인류를 창조하소서

작사 : 여운학, 2005. / 작곡 : W. H. Doane, 1875.
새찬송가 380장 〈나의 생명 되신 주〉 곡

## 어두운 세상, 희망의 불빛

우리는 대대로 마음이 착하고 순수한 성품의 민족이라는 자부심이 있습니다. 다른 나라를 침범하거나 위협을 가한 일이 없었지요. 도리어 침략을 받아 고통스럽기만 했습니다. 아무튼 조상 대대로 가난하지만 착하고 순수하게 살아온 민족인 것만은 사실입니다.

그러나 경제 형편이 급속히 나아지면서 개인, 가정, 사회, 국가가 엉덩이에 뿔 난 못된 송아지처럼 되어가고 있습니다. 요즘 들어 부쩍 거짓말, 왕따, 눈속임, 모함, 사기, 도둑질, 과음, 간음, 살인 등 온갖 악한 일들이 세상을 뒤덮는 듯합니다.

보라 어둠이 땅을 덮을 것이며 캄캄함이 만민을 가리려니와 사 60:2

왜 이렇게 세상이 어두워져만 갈까요? 이대로 가다가는 30년 안에

이 민족은 멸망의 늪으로 빠지고 말 것입니다. 우리 후손이 제대로 사람답게 살려면 이 세상은 바뀌어야만 합니다. 세상이 바뀌려면 사람이 바뀌어야 하지요. 사람이 바뀌려면 어려서부터 가정에서 올바른 교육을 받아야 합니다.

구체적으로는, 말씀암송으로 잘 훈련되어야 합니다. 가정에서 잘 훈련되려면, 먼저 그 부모가 본을 보여야 하는데 부모가 본이 되는 삶을 살지 못하는 것이 문제입니다.

부모도 자신이 받지 못한 훈련을 자녀에게 시키려니 나름대로 어려움을 겪고 있습니다. 그들 역시 어려서부터 말씀암송 교육을 받지 못하고 자랐기에 마음은 원이로되 행위는 원치 않는 길을 택하게 되는 것입니다.

다 큰 사람의 성품이 변화한다는 건 불가능에 가깝습니다. 다 자란 후에 성경을 읽고, 쓰고, 공부하고, 암송하고, 예수님의 온유함을 몸에 익히려 해도 이미 잘못 길든 성품이 바뀌기란 얼마나 어려운 일인지 모릅니다.

그런즉 누구든지 그리스도 안에 있으면 새로운 피조물이라 이전 것은 지나갔으니 보라 새것이 되었도다 고후 5:17

Therefore, if anyone is in Christ, the new creation has come: The old has gone, the new is here!

나는 이 말씀에 큰 은혜를 받아서 영어로도 암송하고 즐겨 묵상하면서 스스로 옛사람은 벗어버리고 새사람이 된 줄로 믿어왔습니다. 그러나 어느 날 내 옛사람이 남아있다는 사실을 깨닫고 얼마나 당황했는지 모릅니다.

회개한 후에도 내 속에 여전히 옛사람이 자리하고 있다는 이 두렵고 실망스러운 사실을 뒤늦게 대면했지요.

'맞다, 나는 새사람이 되기를 원했고 그리되려고 피나는 노력을 지불한 것만은 사실이다. 그러나 내 속에는 여전히 어려서부터 지금까지 훈련되어온 옛사람인 골동품 자아가 나를 지배하고 있다.'

인간의 도리를 몰라서 잘못 사는 사람은 거의 없습니다. 알지만 훈련되지 않았기에 아무리 배워도 그 성품과 삶에 여전히 옛사람이 나오는 거지요. 이런 사람들을 생각하면 가르치는 입장에서나 배우는 입장에서 얼마나 안타까운지요.


나는 일찍이 '생명의전화'에서 10년 동안 1,300시간의 전화 상담을 했고, 서울가정법원 소년자원보호자로 수많은 십 대들을 상담 및 선도한 경험이 있습니다. 지금은 갓피플닷컴에서 사이버 전도 상담을 하며 여러 상담 사례들을 눈여겨보고 있지요.

이를 통해 느끼는 것은, 지금 우리나라의 청소년은 물론이거니와 청장년 대부분이 성인아이(Adult Children)의 수준을 넘지 못하고 있다는 것입니다. 몸은 비록 어른이 되었지만, 심리 상태는 어린아이 수준에 머물러 있어서 사회생활이나 인간관계에 어려움을 겪지요. 이런 미숙한 부모들 아래서 우리의 소중한 후대가 자라고 있는 건 가정뿐 아니라 사회와 국가에도 큰 문제가 아닐 수 없습니다.

19세기 덴마크는 프러시아와의 전쟁에서 패해 막대한 배상금을 물어주고, 유럽 대륙 북부의 곡창지대인 슐레스비히와 홀슈타인 지역을 넘겨주었습니다. 그로 인해 온 국민이 절망의 늪에 빠져 낙심하고 있을 때, 그룬트비(N. F. S. Grundtvig) 목사가 '하나님과 이웃과 땅 사랑의 3애(三愛) 정신'을 제창하여 의식개혁운동으로 회생의 계기를 마련했습니다. 이렇게 하나님은 한 사람을 사용해 한 국가를 건지시는 분입니다.

우리나라의 오늘내일의 형편을 살펴보면, 남북문제를 비롯해 정치, 경제, 사회의 다양한 문제들이 떠오릅니다. 그러나 그 어떤 문제보다도 내일의 주인공이 될 우리의 후대를 어떻게 교육할지가 가장 시급하며 중대한 문제가 아닐까요?

우리의 사랑스럽고 존귀한 자녀들은 이 순간에도 무럭무럭 아니, 팍팍 자라고 있습니다. 오늘의 젖먹이가 내일이면 유치원에 가고, 눈 깜짝할 사이에 초중고교를 졸업해 대학생이 됩니다. 그러다가 곧 결혼하여 자녀를 낳고, 사회에서 중책을 맡게 되지요.

그러니 기성세대는 어린이 교육에 큰 관심을 기울여야 합니다. 자녀는 부모가 어떻게 가르치느냐에 따라 선하게도, 악하게도 자랄 수 있습니다. 묘상(苗床)에서 줄기가 굽으면 굽은 나무로 자라고, 죽순에 삼각기둥 관을 씌우면 원주 모양으로 자라야 할 대나무가 삼각기둥 모양으로 자란다고 합니다. 이처럼 우리 아이들도 어떤 환경에서 어떤 교육을 받느냐에 따라 전혀 다른 인격과 능력의 소유자로 자라게 됩니다.

현실은 어둡지만 절망하지 않는 이유는, 우리에게 꿈이 있기 때문입니다. 아름다운 가정, 아름다운 부부애, 아름다운 자녀교육의 꿈 말입니다. 자녀가 부모님 슬하에서 10세 안팎까지 하나님의 말씀을 읽고, 듣고, 배우고, 암송하고, 묵상하며 삶에 적용하는 훈련을 받고 자라면 예수님의 참 제자가 될 수 있다는 꿈이 곧 '303비전'입니다.

지금 세상은 이러한 꿈 없이 자녀를 낳아 기르려 하기에 자녀교육이 경제적 부담으로만 여겨지는 것입니다. 그러나 우리 크리스천은 말씀 태교로 신인류를 길러내겠다는 꿈으로 아기를 많이 낳고, 그들에게 조기 말씀암송 훈련을 시켜 영적, 인격적으로 차별화된 세계적인 인물로 키워내야 할 것입니다.


## 자녀교육의 핵심은 말씀암송

어린이날은 아이들이 연중 가장 손꼽아 기다리는 날입니다. 가정마다 어린이를 기쁘게 해주려고 산으로 들로 놀러 가거나, 놀이공원이나 극장으로 나들이를 가기도 합니다.

TV에서는 어린이날 특집 프로그램이 방영됩니다. 어린이를 어떻게 키워야 할 것인가에 대해 전문가와 대학교수가 나와 담론을 펼치기도 하고, 세계 각 나라의 어린이들은 어떻게 보호받고 자라는지도 보도합니다. 부모 없이 외롭게 자라는 어린이, 시설에서 자라는 장애아동을 찾아가 위로도 하고, 학대받는 아이들의 실상을 고발하기도 합니다. 어린이를 사랑하는 어른들의 마음이 아름답게 보이지요. 그렇습니다. 어린이는 무한한 가능성을 지닌 가정의 보배요, 국가의 희망입니다.

**보라 자식들은 여호와의 기업이요 태의 열매는 그의 상급이로다 시 127:3**

크리스천 부모는 자녀를 하나님께서 주신 상급 곧 선물로 여기고, 하나님의 뜻대로 키우길 원합니다. 그러나 안타깝게도 자녀양육의 참 지혜를 얻지 못해 애태우는 부모들이 너무 많습니다.

자녀교육의 제1현장은 가정입니다. 이제까지 많은 부모가 자녀를 교회학교에 보내기만 하면 말씀대로 자라는 줄로 믿어왔습니다. 물론 교회학교에서 잘 배워 그리스도의 성품을 닮은 인물로 자랄 수 있습니다. 다만 일주일 168시간 중 한두 시간의 교회학교 훈련만으로는 100시간 이상을 담당하는 가정교육을 능가할 수 없습니다.

자녀교육의 제1현장이 가정이고, 자녀교육의 내용은 말할 것도 없이 하나님의 말씀을 먹이는 것입니다. 곧 말씀을 암송시키는 거지요. 많은 구절을 암송시키기 위해 교과서 가르치듯 한 번 암송하고 다음으로 넘어가는 것이 아니라, 옛 조상들이 처음 글을 배우는 아이들에게 《천자문》을 반복 암송시켰던 것처럼, 지혜의 근본인 하나님의 말씀을 자녀의 뇌에 영구 저장시키는 것입니다.

오늘 내가 네게 명하는 이 말씀을 너는 마음에 새기고 네 자녀에게 부지런히
가르치며 신 6:6,7

7절의 "네 자녀에게 부지런히 가르치며"를 NLT(New Living Translation)
영어성경에서는 "Repeat them again and again to your children"이
라 했고, NIV(New International Version) 영어성경에서는 "Impress them
on your children"이라 번역했습니다. 공동번역본에서는 "이것을 너희
자손들에게 거듭거듭 들려주어라"라고 했습니다. 'impress'는 '깊은 인
상을 주다, 감명(감동)을 주다, 명심하게 하다'라는 뜻이 있습니다.

이를 종합해서 신명기 6장 7절 말씀을 설명하면, '네 자녀에게 하나
님의 말씀을 거듭거듭 들려주어 암송하게 하고, 부지런히 가르치고 가
슴 깊이 새겨서 성령의 감동을 받게 하라'라는 뜻이 아닐까요.

이러기 위해 먼저 부모가 거듭거듭 말씀을 읽고 암송해야겠지요. '성
경을 읽히고 가르치면 됐지, 꼭 암송시켜야 한다는 법이 어디 있느냐?'
라고 반문할 수도 있습니다. 그러나 하나님의 말씀을 듣고 배우는 것
과 암송하는 것은 전혀 차원이 다른 일입니다. 구구단과 수학 공식, 물
리나 화학의 기본 법칙은 배우는 게 아니라 암송해야 하지요. 하나님의
말씀도 마찬가지입니다. 말씀을 주야로 묵상하라는 하나님의 명령에
따르기 위해서는 암송해야 합니다.

감사하게도 하나님은 모든 어린이에게 암송의 달란트를 주셨습니
다. 그러나 아이들이 자랄 때 생각하고 이해하고 판단하는 달란트를

주시면서 암송의 달란트를 거둬가십니다.

그래서 부모는 아이가 어릴 때부터 가정에서 말씀을 암송하게 하고, 날마다 말씀암송 가정예배를 아이와 함께 드리며 말씀암송과 가정예배가 체질화되도록 훈련해야 합니다.

하나님의 말씀을 어려서부터 암송하면, 처음엔 그 뜻도 모르고 외우지만 놀랍게도 말씀에는 신비한 권능이 있어서 아이의 생각과 행동, 언어와 사고가 달라집니다.

세 살 버릇을 잘 들여놓으면 평생을 복되게 삽니다. 기독교 가정에서 자라난 어린이는 비교적 말씀암송에 쉽게 익숙해지는 반면에, 비기독교 가정에서 자라난 어린이는 우선 이해하기가 쉽지 않은 성경 언어에 싫증을 내면서 암송 교육에 적응하기를 훨씬 힘들어합니다. 이는 어려서 익숙한 문화가 평생에 영향을 끼친다는 증거이지요.

주위를 둘러보면 자녀의 조기교육을 위해 영어, 미술, 음악, 바둑, 골프까지 부지런히 챙기는 어머니들은 많으나 말씀암송 교육에 솔선수범하는 어머니는 거의 없으니 하나님이 보시기에 얼마나 안타까우실까요!

자녀교육의 제1현장인 가정에서 하나님의 말씀을 자녀의 가슴에 새기는 일보다 더 중요한 교육은 없습니다.

다음은 말씀암송 자녀교육을 위한 네 가지 팁입니다.

### 1. 우선순위와 타이밍을 놓치지 마라

'우선순위'(priority)와 '타이밍'(timing), 어린이들을 생각할 때 이 두 단어가 내 생각을 사로잡습니다.

나는 암송학교를 시작하기 전에 초등학교 3학년 이상의 어린이와 그 엄마들에게만 신청을 받으려고 했습니다. 그러나 그것이 큰 착각이었음을 이내 깨달았지요.

성인은 어려서부터 말씀암송 교육을 거의 받지 못하고 자랐기에 말씀을 암송한다는 것이 큰 부담이 됩니다. 그러나 5-7세 어린이에게 암송을 시켜보면, 엄마와 함께 불과 몇 번 암송한 말씀을 글자도 읽을 줄 모르면서 쉽게 기억하는 걸 발견합니다.

하나님은 아이들에게 암송의 달란트를 주셔서 사물의 이름과 새로운 지식을 쉽게 암기하고 오래 기억하게 하십니다. 그러므로 아이들의 대뇌피질에 다른 정보가 입력되기 전에 하나님의 말씀을 입력시키는 것이 무엇보다 중요하지요.

"이건 뭐야? 저건 뭐야?"

"왜 그런 거야?"

"해는 누가 만들었어?"

아이들의 질문은 끝이 없습니다. 이때 들은 대답은 아이의 뇌리에 바로 입력되지요.

한 엄마가 8세인 큰아이에게 고린도전서 13장을 암송시키면서 4세인 동생은 아직 이르다 여기고 가르칠 생각을 하지 않았습니다. 그런데 어느 날, 4세 아이가 블록으로 집짓기를 하면서 "내가 사람의 방언과 천사의 말을 할지라도…"라고 혼자서 암송하더랍니다. 이처럼 엄마들이 '저 어린것이 무엇을 알랴?' 하는 생각으로 자녀의 왕성한 암기력을 썩히는 경우가 얼마나 많은지 모릅니다.

자녀가 5-7세 정도면 부모가 기도와 암송의 본을 보이며 훈련하기만 해도 몇 달 만에 100절은 술술 암송할 수 있습니다. 말씀의 뜻은 잘 몰라도 칭찬받는 재미와 '나도 할 수 있다'라는 자신감에 힘입어 말씀을 즐겨 암송하게 되지요.

또한 날마다 엄마와 함께 드리는 말씀암송 가정예배를 통해 아이들의 믿음이 자라고, 하나님 중심의 사고방식이 자리 잡게 됩니다. 나아가 경건 훈련(예배 잘 드리기)과 순종 훈련(부모님 말씀 잘 듣기), 예도 훈련(예의범절 지키기)을 비롯해 식사 훈련, 정돈 훈련, 놀이 훈련까지 자연스럽게 이뤄질 수 있지요.

> 범사에 기한이 있고 천하만사가 다 때가 있나니 날 때가 있고 죽을 때가 있으며 심을 때가 있고 심은 것을 뽑을 때가 있으며 전 3:1,2

씨를 뿌릴 때가 있고, 싹이 나면 가꿀 때가 있습니다. 논농사나 밭농사나 타이밍을 놓치면, 그 후에 아무리 발버둥 치며 노력해도 그 해 농사는 허사가 됩니다.

나는 농촌에서 자라서 논농사를 잘 압니다. 모판에 볍씨를 뿌려서 잘 가꾸었다가 때가 이르면 모심기를 합니다. 열흘 정도의 모심기 기간을 넘기면 그 해 벼농사는 실패합니다. 그러므로 농부는 모심기의 타이밍을 놓치지 않으려고 애쓰지요.

하물며 자녀에게 바람직한 신앙교육을 하려는 부모님이 이 제한된 기간, 곧 자녀가 10세가 되기 전에 가정에서 말씀을 암송시키는 일에 농부가 모심기 타이밍을 맞추려고 노력하는 것보다 더욱 관심을 가져야 하지 않을까요.

그러나 실상 자녀를 사랑하는 부모는 많은 데 비해, 자녀를 올바로 양육하는 부모는 그리 많지 않아서 참으로 안타깝습니다. 아니, 사랑하는 자녀에게 말씀암송 교육의 우선순위를 두는 부모는 거의 없다는 표현이 맞을 것 같습니다.

그러면 우리의 사랑스럽고 귀여운 아이들을 어떤 환경에서, 어떻게 교육하는 게 가장 이상적일까요? 그것은 태교부터 말씀암송으로 하는 것입니다. 아이가 엄마 배 속에 있을 때 태교할 수 있는 기회는 일생에 단 한 번, 불과 10개월뿐입니다. 이 기간에 바람직한 태교를 하느냐, 그렇지 못하느냐에 따라 빛의 자녀가 될 수도, 그렇지 못할 수도 있습니다.

미처 말씀태교를 하지 못하고 낳은 아이라 할지라도 어려서부터 부모가 본을 보이면서 말씀암송을 하고 암송 가정예배를 드리며 키운다면, 그 아이는 기성세대가 겪는 자아와의 처절한 투쟁에 시간과 노력을 낭비하는 대신 창조적이며 발전적인 길로 자신의 역량을 발휘할 수 있을 것입니다.

유아기는 불과 5,6년이며, 유년기는 3,4년입니다. 이 지극히 제한된 소중한 시간에 부모가 먹고사는 일로 혹은 현실에 쫓겨 자녀에게 말씀 암송 교육을 하지 못한다면, 그 자녀에게는 돌이킬 수 없는 비운을 안겨줄 것입니다. 그러므로 부모는 3-10세 자녀들에게 주어진 암송체질화의 절대적인 기회를 어영부영하다가 놓쳐서는 안 될 것입니다.

일찍이 303비전장학회 장학생으로 선발되어 2년간 750절의 말씀을 암송한 강동협 목사의 책 《자녀의 가슴에 말씀을 새겨라》에서 저자는 "많은 시행착오와 좌절 가운데서도 끝까지 포기하지 않는 것이 중요하다"라고 강조했습니다. 이처럼 어린 자녀에게 암송 교육을 체질화시키는 데는 끈기와 지속이 중요함을 또 한 번 절감합니다.

오늘날은 엄마와 아이가 시간을 오래 보낼 수 없는 부득이한 사정을 가진 가정이 많습니다. 옛날에는 전업주부가 많았기에 자녀의 조기 가정교육이 비교적 쉬웠으나, 지금은 직장을 다니거나 자영업 혹은 전문직에 종사해서 종일 집을 비울 수밖에 없는 주부가 점점 많아져 자녀의 가정교육에 엄두를 내지 못하는 경우가 많습니다.

그러나 바람직한 자녀교육과 현실적인 사정 중 어느 쪽에 우선순위를 두어야 할까요? 엄마가 집을 비우고 나가서 벌지 않으면 온 식구가 살아갈 수 없다든지, 그 밖에 생사가 걸린 심각한 경우가 아니라면 엄마는 자녀가 10세가 되기까지는 전업주부가 되거나 재택근무하는 직업 혹은 시간제 근무로 바꾸어, 비록 수입이 줄어도 자녀교육의 타이밍을 놓치지 않기를 바랍니다.

한 여성 변호사는 십 대 자녀의 잘못된 모습을 뒤늦게 발견하고, 피눈물 나는 회개와 '죽으면 죽으리라'라는 각오로 임시 휴직을 하고 자녀가 바로 될 때까지 집에 있기로 했다고 했습니다. 용기 있고 잘한 결단이며, 아쉬운 대로 다행이라고 생각합니다. 그럼에도 자녀교육의 타이밍을 놓친 결과로 어긋난 자녀를 바로잡는 것은 엄마의 의지와 노력을 떠나 참으로 어려운 일입니다.

소 잃고 외양간 고치는 누를 범하겠습니까? 결코 그럴 수 없습니다. 우리 자녀는 하나님께서 양육을 맡겨주신 그분의 존귀한 자녀이며 20,30년 후 이 나라를 짊어지고 갈 주인공들입니다.

부모는 자신이 영적으로 잠자고 있지 않은지 늘 돌아봐야 합니다. 본질을 떠난 문제로 바쁘진 않은지, 입으로는 "자녀를 사랑한다, 미래의 주역이다"라고 하면서 눈앞의 이익만을 바라보고 방향 감각을 잃은 채 바쁘게 달려오진 않았는지 말입니다.

### 2. 엄마가 먼저 암송하라

한국 어머니들만큼 자녀교육에 관심이 많고, 온 정성을 쏟는 이들을 지구상에서 찾아보기 힘들다는데, 꼭 그렇지만도 않은 것 같습니다.

유니게 과정 교육 중에 엄마들이 제출하는 암송 일기에서 발견한 사실이 있습니다. 말씀암송의 놀라운 기쁨을 맛본 엄마들은 자녀의 암송 교육에 관한 이야기보다는 자신이 깨달은 새로운 기쁨과 유익에 관해 즐겨 씁니다. 그래서 일부러 자신에 대한 이야기보다 자녀의 암송 교육

지도 과정과 그들의 반응을 중점으로 쓰라고 당부합니다.

물론 율곡 선생의 어머니 사임당에 버금가는 지혜와 정성을 쏟는 엄마들이 전혀 없다는 건 아닙니다. 다만, 극히 드물지요. 어떤 엄마들은 자녀를 유치원, 학원, 학교 등에 보내기만 하면, 자녀교육이 저절로 이뤄지는 줄로 생각하는 것 같습니다.

암송학교에서 10여 년간 엄마들을 만나면서 알게 된 사실은, 오늘날 믿는 엄마들의 가장 큰 관심사가 자녀교육 이전에 자신의 신앙 갈등과 자아의 문제라는 것입니다. 신앙과 현실 사이의 갈등, 구원의 확신이 없음으로 인한 속앓이와 여전히 죄를 떨쳐버리지 못해 신앙 생활에서 기쁨과 행복보다는 아픔과 갈등이 더 크다고 고백하는 엄마들이 많았습니다.

그러다가 말씀을 암송하면서 자아를 되찾고, 긴 어둠의 터널을 벗어나는 경우도 보았지요. 그러나 자신의 기쁨에 도취된 나머지 자녀의 암송 교육에 관한 부모의 사명을 깜빡 잊는 일도 많이 봅니다.

또한 자녀에게 어려서부터 말씀암송을 체질화시켜서 예수님의 참 제자로 키우고자 하는 의지보다는 자신의 교회 활동, 곧 여전도회 사역의 변화, 혹은 남편을 겸손하게 섬기는 중에 일어나는 집안 분위기의 변화 등에 더 많은 관심이 쏠려있는 것을 쉽게 발견합니다. 교회 봉사를 통해 아름다운 열매를 거두는 것도 좋지만, 자녀의 조기 암송 교육과 암송 가정예배에 엄마의 우선순위를 두면 얼마나 좋을까요.

많은 크리스천 엄마가 최에스더 사모가 쓴 《성경 먹이는 엄마》를 읽고 자녀교육에 눈을 뜨기도 하고, 큰 도전을 받아서 저자가 이수한 유니게 과정에 등록합니다. 엄마가 아이보다 먼저 말씀을 암송해야 하는 주목적은, 어린 자녀에게 말씀암송 체질화의 본이 되기 위함입니다.

엄마가 자녀와 함께 날마다 말씀을 암송하고, 말씀암송 가정예배를 지속하면, 자녀는 저절로 말씀암송이 몸에 배게 되고 엄마와 자연스럽게 대화할 기회가 자주 생깁니다. 그러면 자녀가 내적 갈등을 겪는 사춘기에 들어설지라도 마음의 안정과 기쁨을 안고 자신감 넘치는 삶을 살 수 있지요.

그러므로 자녀를 위해서 반드시 엄마가 먼저 말씀을 암송해야 합니다. 크리스천 엄마들은 누구나 말씀암송을 사모하지만, 막상 암송하라고 하면 겁부터 냅니다. 어릴 때는 잘했지만, 지금은 기억력이 사라져서 도저히 감당할 자신이 없다면서요. 그러나 사랑하는 자녀를 위한 일이면 강렬한 모성애를 발동하여 도전할 수 있습니다.

### 3. 하나님 중심 사상을 주입하라

저는 오랜 기도 중에 1999년, 이슬비성경암송학교 유니게 과정을 열었습니다. 디모데의 어머니 유니게와 외할머니 로이스처럼 우리의 젊은 어머니와 할머니들이 가정에서 아들과 손자들을 가르칠 수 있도록 훈련하기 위해서였습니다.

엄마가 가정에서 자녀에게 유년기부터 말씀을 암송시켜서 청소년이 될 때까지 많은 성경 구절을 주기도문 외우는 수준으로 날마다 반복하여 암송시킨다면, 자녀의 성품이 예수님을 닮아 온유해질 뿐 아니라 순수한 뇌리에 '하나님 중심의 사고방식'(God-centered Mind)이 자리 잡게 됩니다.

어린 시절부터 이를 배우지 못하고 자라난 부모 세대를 생각해봅니다. 그들은 성인이 되어 하나님의 말씀을 읽고 듣고 암송하고 묵상하면서도 말씀을 전적으로 믿는 것에 늘 어려움을 느낍니다.

예인이는 초등학교 2학년으로, 예수사랑교회를 섬기는 송성근 목사님과 오혜경 사모님의 맏딸입니다. 엄마와 함께 암송한 지 10개월 만에 170절을 암송하여 2008년 12월에 303비전꿈나무 모범생이 되었지요. 하나님 중심의 사고방식을 지닌 예인이의 일기를 보겠습니다.

### 제목 : 가시와 십자가

오늘 나무를 잘못 만져서 조그마한 가시가 손바닥에 박혔다. 너무 아팠다. 집에 와서 가시를 빼면서 생각했다.

'이렇게 조그마한 가시도 너무너무 아픈데 십자가에 못 박히신 예수님은 얼마나 아프셨을까?'

그래서 마음이 좀 아팠다. 갈라디아서 2장 20절 말씀이 생각났다.

"내가 그리스도와 함께 십자가에 못 박혔나니 그런즉 이제는 내가 사는 것이 아니요 오직 내 안에 그리스도께서 사시는 것이라 이제 내가 육체 가운데 사는 것은 나를 사랑하사 나를 위하여 자기 자신을 버리신 하나님의 아들을 믿는 믿음 안에서 사는 것이라."

나도 다른 사람을 사랑하고, 다른 사람을 위해 봉사를 해야겠다.


하루는 주일 예배를 마친 후, 6세인 손자 인규의 부드러운 손을 잡고 주차장으로 걸어가고 있었습니다. 아이가 나를 올려다보며 물었습니다.

"할아버지, 꽃은 왜 펴요?"

"글쎄, 꽃이 왜 필까? 우리 인규는 꽃이 좋지? 꽃이 예쁘지?"

손자는 고개를 끄덕이면서 예쁜 입술로 "네" 하고 대답했지요. 나는 어린 손자의 손을 꼭 잡으면서 말했습니다.

"하나님이 인규를 사랑하셔서 인규가 좋아하라고 꽃을 아름답게 피게 하셨나 보다. 하나님은 이 세상을 만드시고, 아름다운 꽃도 피게 하시고, 또 우리 인규도 멋지게 지으셨단다."

인규는 사나이티를 내느라고 '멋지다' 해야 좋아하지 '예쁘다' 하면 반응이 영 별로입니다. 손자는 내 얘기에 무슨 생각이 들었는지, 다시 나를 올려다보며 말했습니다.

"할아버지, 저요, 어젯밤에 기도하다가 울었어요."

"와, 우리 인규가 하나님께 기도하다가 너무 감사해서 울었나?"

"쬐끔 울었어요."

가정예배를 드릴 때 제 어미가 기도하다가 감격하여 눈물 흘리는 것을 보고 저도 모르게 눈물이 났던 것을 할아버지한테 자랑하고 싶었나

봅니다. 어린 손자는 기쁘고 자랑스러운 미소를 지으면서 내 팔을 잡아끌 듯 잔걸음으로 빨리 걸었습니다.

이처럼 사랑스러운 어린 자녀들에게 하나님 중심의 사고방식을 심어주는 게 얼마나 중요한 일인지 모릅니다. 우리 자녀들의 마음이 세상에 물들기 전에 하나님 중심의 사고로 가득 차기를 원합니다.


### 4. 인격적으로 접근하라

유니게 과정에서는 '암송노트'와 '암송일기'를 숙제로 내줍니다. 대개 암송한 말씀을 한 번 써오는 암송노트는 열심히 써서 내는데, 매일 써야 하는 암송일기를 성실히 내는 엄마는 드문 편입니다. 일기가 습관이 되어있지 않아서 매일 자녀들과의 암송 생활을 쓴다는 게 쉬운 일이 아닌 줄 압니다. 물론 정성을 기울여 아이들을 관찰하고 날마다 일어났던 일을 소상히 쓰는 엄마도 있어서 감동하기도 하지만요.

원래 일기는 남에게 보여주기 위한 것이 아닙니다. 그러나 유니게 과정에서 과제물로 제출한 일기는 어떤 의미에서는 남에게 보여주기 위한 것이기도 하고, 후일에 자녀에게 보여줄 엄마의 사랑의 간증이기도 합니다.

그동안 수천 명이 넘는 엄마들의 암송일기를 읽으면서 다양한 삶의 모습을 이해하게 되고, 자녀교육의 어려움과 지혜도 알게 되었습니다. 가족관계, 부부관계, 자녀와의 관계가 원만하게 이뤄지고 있는 가정보다 아픔을 안고 사는 가정이 훨씬 많은 것도 알 수 있었지요.

무엇보다 자녀를 향한 엄마의 사랑이 참으로 여러 가지로 나타남을 볼 수 있었습니다. 자아실현을 우선순위로 여기는 세상 풍조에 따라 자녀양육을 부담으로 느끼는 엄마가 있는가 하면, 하나님의 자녀를 말씀으로 키우고자 헌신을 아끼지 않는 엄마도 있었지요.

나는 엄마들이 쓴 암송일기를 밤늦도록 꼼꼼히 읽으면서, 자녀들의 이름이나 감동적인 일화가 나오면 빨간 볼펜으로 일일이 동그라미를 쳐서 관심을 보입니다. 글을 읽으며 감동하고, 미소를 머금으며 소리 내어 웃기도 합니다. 가슴 아픈 사연을 읽을 때는 30년의 상담 경력과 묵상 중에 얻은 지혜로 도움이 될 말을 여백에 정성껏 써넣기도 합니다. 열심히 노력하는 모습에 격려와 칭찬을 아낌없이 건네기도 하지요.

그러다 보면, 40-70명이 제출한 일주일 치 숙제를 체크하는 데만 20시간 이상을 고스란히 보냅니다. 인터넷에 올라온 글에도 그리하려다 보니 좋지 못한 시력으로 이중, 삼중고를 치르지요. 힘들 때도 있지만 이것이 나의 사명이라고 생각하면, 한 엄마와 한 어린이에게 도움을 줄 수 있다는 것이 큰 보람과 기쁨으로 다가옵니다.

암송일기를 읽으며 이제까지 많은 엄마가 아이들에게 화를 잘 냈다는 사실을 알았습니다. 교육상 극히 바람직하지 않은 일임에도 말입니다. 남에게는 부드럽고 너그러운 엄마들이 제 자녀에게는 신경질적인 사실에 새삼 놀랍니다. 왜 그럴까요?

철부지 아이들을 키워보지 않고는 이해하기 힘든 무언가가 있겠지요. 종일 아이와 씨름하다 보면 '천사라도 시종 차분함을 유지할 수 있을까' 싶기도 합니다. 잠시도 눈을 뗄 수 없을 만큼 남달리 천방지축이어서 문제를 일으키고 다니는 아이의 경우는 더하겠지요.

그러나 이 아이가 나의 소유가 아닌 하나님의 자녀라고 생각하면 좀 달라질 수 있지 않을까요? 비록 아이의 행동이 엄마를 화나게 할지라도, 그것이 잘못인 줄 모르는 철부지일지라도, 사랑하는 엄마로부터 야단이나 매 맞는 대신 칭찬받고 사랑받기를 좋아하는 아이의 심리를 이해한다면, 조금은 달라질 수 있지 않을까요?

아이가 조금씩 나아지는 모습을 보일 때마다 칭찬을 아끼지 말고, 으스러지도록 안아주세요. 엄마들은 일반적으로 자녀의 잘못에는 쉽게 소리치고 혼을 내지만, 자녀의 순종과 착한 행실에는 칭찬하고 안아주는 일에 인색한 편이거든요. 어른도 칭찬받으면 좋은데 아이가 엄마로부터 칭찬받으면 얼마나 좋을까요!

엄마는 먼저 자녀를 말씀암송 태교로 낳지 못한 것과 자녀가 서너 살이 될 때까지 암송 교육을 하지 않고 엄마의 감정과 성질대로 키운 것을 진심으로 미안하게 생각해야 합니다.

또한 아이의 이름을 넣어 "나의 사랑하는 ○○아, 미안하다"라며 진심 어린 사과를 건네고, "우리 ○○은 하나님의 자녀란다"라고 자녀의 정체성을 명확히 높여주세요.

다음 세 가지는 엄마가 자녀에게 하지 말아야 할 것입니다.

- 아이가 아무리 속을 상하게 해도 큰소리로 야단치지 말 것
- 얼굴에 노기를 띠면서 아이에게 손찌검하지 말 것
- 아이들 보는 데서 부부끼리 소리 내어 다투지 말 것

"누가 아이한테 소리 지르고 싶어서 지르고, 아이가 말을 잘 듣는데도 때리나요?"라고 반문할지 모릅니다. 그러나 어린아이들은 가정에서 부모님의 삶을 보고 들으며 자란다는 걸 기억하세요. 그리고 아이들과 기분이 좋은 상태에서 다음과 같은 약속을 하세요.

1. 너는 하나님의 아들이기 때문에 아빠 엄마의 말씀을 잘 들어야 한단다. 그 약속을 잘 지키면 엄마가 상(구체적으로 제시)을 주고, 세 번 이상 안 지키면 벌(손 들고 서있기 등 구체적으로 제시) 받기로 약속하자.
2. 날마다 말씀암송 가정예배를 드리기로 약속하자(《303비전꿈나무 성경암송노트》를 사주고 그 위에 아이 사진을 붙이고 이름을 적어주면 좋아합니다).
3. 다른 아이들을 때리거나 싸우지 않기로 약속하자(상과 벌을 구체적으로 정하되 감정을 싣지 말고 실천하세요).

아이들의 문제를 깊이 생각해보면 진짜 문제는 부모에게 있는 경우가 많습니다. 아이들은 부모의 거울이기 때문이지요. 부모는 하나님께서 양육을 위임하신 그분의 자녀들을 말씀대로 키우고, 삶으로 가르치

고, 간절한 기도와 사랑으로 돌봐야 함을 기억하세요.

## 부모의 암송이 자녀를 변화시킨다

보라 자식들은 여호와의 기업이요 태의 열매는 그의 상급이로다 시 127:3

기독교인은 자식이 자신의 소유가 아니요 '하나님께 위탁받은 자녀'라는 사실을 믿습니다. 하나님은 그분의 자녀를 잘 돌보라는 뜻에서 부모에게 자녀를 사랑하는 마음을 주셨지요. 특히 어머니의 사랑은 하나님의 아가페 사랑과 가장 비슷합니다. 바로 희생의 사랑이요, 무조건적인 내리사랑입니다.

하지만 우리는 자녀를 사랑하면서도 어떻게 가르쳐야 하는지를 잘 모릅니다. 또 어떻게 가르치는 것이 하나님께서 가장 기뻐하시는 길인지도 모릅니다.

여러 민족 중에서 오직 유대인만이 그 방법을 알고 그대로 시행해오고 있습니다. 그들은 어릴 때부터 토라(Torah, 유대교 경전인 모세오경)를 암송하고, 암송한 말씀을 날마다 삶에 적용하는 것에 우선순위를 두며 자녀를 교육합니다. 그 결과 인구가 전 세계의 0.3퍼센트에 불과한데도 노벨상 수상의 20퍼센트를 차지한 민족이 되었지요. 그뿐 아니라 유대인은 세계 경제를 좌우하는 미국 경제권의 대부분을 장악하고 있습니다. 이는 바로 하나님의 말씀 안에 지혜와 능력이 있다는 증거입니다.

나는 한국교회와 가정이 살아나고 후대가 잘되는 길은 오직 우리 자녀들에게 하나님의 말씀인 성경을 어려서부터 암송시키고, 이를 삶에 적용하도록 훈련시키는 데 있다고 확신합니다.

일주일은 168시간입니다. 그중 아이들이 주일마다 교회학교에서 공부하는 시간은 1시간 내외입니다. 반면, 가정에서 엄마와 함께하는 시간은 아무리 적어도 100시간이 넘습니다. 따라서 어린이에게 암송 교육을 시키기에는 교회보다 가정이 더욱 유리하지요.

가정에서 자녀를 지도하기 위해서는 어머니와 아버지가 먼저 성경암송에 익숙해야 합니다. 전투에서 지도자가 앞장서지 않으면 패할 수밖에 없는 것과 마찬가지입니다.

바울이 사랑한 믿음의 아들 디모데가 어머니 유니게와 외할머니 로이스에게서 성경을 배웠다는 사실은 자녀교육에 귀감이 됩니다. 우리의 어머니, 할머니들이 자녀에게 모범을 보이며 사랑과 기도로 가르치면 21세기에도 '한국의 디모데'가 얼마든지 나올 수 있다고 생각합니다.

이 비전을 품은 조용한 첫걸음으로 어머니, 할머니들에게 성경암송을 가르치는 303비전성경암송학교 유니게 과정을 개설했습니다. 수강생들은 6주간 매주 3시간씩 성경암송 교육과 훈련을 받습니다. 그 시간에 내주는 성경암송 과제를 충실히 따르면 신구약 성경 중에서 가려 뽑은 은혜의 말씀 100절을 거뜬히 암송할 수 있지요.

또한 수강생들이 어린 자녀와 함께 신앙 위인의 전기를 읽고 독후감을 쓰도록 숙제를 내줍니다. 그러면 자녀를 가르치려고 읽은 책에서 어머니가 더 큰 은혜를 받고, 자녀는 신앙 위인을 동경하며 그 영혼에 푸르고 아름다운 꿈이 자라납니다.

성경암송학교를 통해 수많은 엄마와 자녀를 지도하면서 엄마의 열심에 따라 아이의 열심이 좌우되고, 엄마의 기도에 따라 아이의 신앙이 잘 자라기도, 못 자라기도 하는 것을 봅니다. 물론 아이의 천부적인 소질과 기본 실력에 차이가 있겠지요. 그러나 엄마의 열심과 기도와 솔선수범은 그런 요소들을 보충하고도 남습니다.

나는 성경암송을 하면서 엄마와 자녀가 맺는 여러 가지 놀라운 열매들을 보며 우리나라의 모든 가정이 암송 교육을 하면 얼마나 좋을까 생각하곤 합니다. 하지만 무작정 서두르기보다 이슬비처럼 조용히 다음세대를 올바로 키우며 가정과 교회, 나라와 민족이 아름답게 거듭나는 역사를 이뤄야겠다고 다짐합니다.

또한 신인류 창조의 역사가 바로 암송 교육으로부터 일어날 것을 믿고 기도하며 힘쓸 것입니다. 이 꿈을 모든 기독교인이 꾸기를 기대합니다. 주께서 이 일을 기뻐하신다는 것을 믿으며, 우리 한 사람 한 사람이 신인류 창조의 역사에 눈물과 수고로 뿌려지는 씨앗이 되기를 원합니다. 그럴 때 주께서 그 열매를 기쁨으로 거둬주실 것입니다.

눈물을 흘리며 씨를 뿌리는 자는 기쁨으로 거두리로다 울며 씨를 뿌리러 나가는 자는 반드시 기쁨으로 그 곡식 단을 가지고 돌아오리로다 시 126:5,6

하나님의 말씀에 대해 성경은 이렇게 말합니다.

하나님의 말씀은 살아있고 힘이 있어서, 어떤 양날 칼보다도 더 날카롭습니다. 그래서, 사람 속을 꿰뚫어 혼과 영을 갈라내고, 관절과 골수를 갈라놓기까지 하며, 마음에 품은 생각과 의도를 밝혀냅니다. 히 4:12 새번역

어릴 때부터 자녀에게 성경을 가르치는 것은 신앙이나 인격을 성장시키는 측면에서 상당히 중요합니다.

마땅히 행할 길을 아이에게 가르치라 그리하면 늙어도 그것을 떠나지 아니하리라 잠 22:6

오늘 내가 네게 명하는 이 말씀을 너는 마음에 새기고 네 자녀에게 부지런히 가르치며 신 6:6,7

자녀에게 올바른 교육을 시키려면 부모가 성경을 부지런히 거듭하여 읽고, 암송하고, 묵상하고, 삶에 적용하여 성경암송의 생활화를 이뤄야 합니다.

우리 아이들은 하나같이 귀한 하나님의 자녀들입니다. 그러나 나의 손자녀는 물론이고 교회학교 어린이들이 지금 어떻게 자라나고 있습니

까? 그들의 천진난만한 모습 뒤에 하나님의 말씀 없이 자라는 가련한 영혼이 있습니다.

오늘날 어려서부터 신실한 부모님 밑에서 하나님의 말씀을 듣고 배우고 성경을 암송하며 자라는 아이들이 과연 몇이나 될까요. 대부분이 바람직하지 못한 환경에서 자라고 있지 않나요. 그것을 생각할 때마다 안타깝고 답답해서 견디기 힘들 정도로 가슴이 메어옵니다.

신앙이 없는 부모는 말할 것도 없고, 교회에 다니며 더 나아가 교회를 충성스럽게 섬기는 부모 중에도 하나님의 말씀을 사모하는 마음이 없는 사람이 많습니다. 그들은 자기 안에 말씀을 모셔 들이는 성경암송에 무관심하고, 교회에서 내준 성경 읽기 분량을 겨우 채우는 정도로 만족하곤 합니다.

육신대로 사는 부모의 삶이야 그렇다고 해도 그 삶을 본받으며 자라날 아이들과 그들이 곧 성인이 되어 다시 자녀를 낳아 기를 것을 생각하면 너무 가슴이 아픕니다.

대안은 오직 하나입니다. 어머니들이 먼저 하나님의 말씀을 즐겨 암송하는 것입니다. 그런 다음 어린 자녀들이 좋은 기억력을 활용하여 암송하도록 지도하고 말씀을 삶에 적용하도록 훈련하는 것만이 우리 자녀들을 올바로 양육하는 방법입니다.


하나님의 섭리는 참으로 신묘막측(神妙莫測)합니다. 어릴 때는 기억력을 왕성하게 주셨다가, 나이가 들수록 기억력은 거둬 가시고, 대신 사고력과 이해력을 주시니 말입니다. 그러므로 기억력이 왕성한 어린 시절에 성경암송 훈련을 시키면 교육 효과가 크며 사고력과 이해력 향상에도 큰 도움을 줄 수 있습니다.

인간의 지식과 사고에는 한계가 있습니다. 더욱이 성경은 하나님의 말씀이므로 인간이 단순히 이해할 게 아니라 먼저 암송하고 묵상해야 할 진리입니다. 그러면 성령의 감동으로 인해 말씀이 진리로 믿어집니다. 그런 의미에서 성경을 암송하는 것은 참으로 중요합니다.

> 이러므로 우리가 하나님께 끊임없이 감사함은 너희가 우리에게 들은 바 하나님의 말씀을 받을 때에 사람의 말로 받지 아니하고 하나님의 말씀으로 받음이니 진실로 그러하도다 이 말씀이 또한 너희 믿는 자 가운데에서 역사하느니라
>
> 살전 2:13

어려서부터 성경암송을 하면 처음에는 그 뜻을 모르고 외우지만, 말씀에는 신비한 권능이 있어서 나중에는 아이가 생각하고 말하고 깨닫고 행동하는 것이 달라집니다.

자녀에게 성경암송을 훈련하는 일은 결코 쉽지 않습니다. 그러나 일시적으로 열심히 하고 그만둬서는 안 됩니다. 서두르거나 억지로 해서도 안 됩니다. 즐겁고 기쁘게, 기도와 결단과 인내로 지속해야 합니다.

또한 부모에게 말씀을 사모하는 마음이 없으면 성경암송 교육은 불가능합니다. 부모가 말씀을 사모할 뿐 아니라 먼저 말씀대로 살려고

노력해야 합니다.

## 자녀에게 암송 훈련을 시키기 전에

### 1. 부모가 먼저 말씀을 사모해야 합니다

그가 사모하는 영혼에게 만족을 주시며 주린 영혼에게 좋은 것으로 채워주심이로다 시 107:9

나를 사랑하는 자들이 나의 사랑을 입으며 나를 간절히 찾는 자가 나를 만날 것이니라 잠 8:17

주께서는 '사모하는 자'에게 은혜를 주시고 '간절히 찾는 자'를 맞아주십니다. 자칫 호기심에 이끌려 마음의 준비 없이 새로운 일에 뛰어들기 쉬우나, 제일 중요한 건 부모의 마음가짐입니다.

자녀교육에 대한 열정도 있어야 하지만, 부모가 먼저 진심으로 하나님의 말씀을 외우고 싶어 해야 합니다. 주께서는 말씀을 간절히 사모하는 마음을 기뻐하십니다.

## 2. 자녀를 말씀 안에서 양육하려는 확고한 의지가 있어야 합니다

이는 네 속에 거짓이 없는 믿음이 있음을 생각함이라 이 믿음은 먼저 네 외조모 로이스와 네 어머니 유니게 속에 있더니 네 속에도 있는 줄을 확신하노라 딤후 1:5

디모데는 외할머니 로이스와 어머니 유니게의 믿음과 사랑을 먹고 자랐기에 바울의 수제자가 되었습니다. 자녀교육은 부모의 믿음과 사랑에 의해 크게 좌우됩니다. 성경암송을 가정교육의 우선순위로 삼겠다는 의지를 부모가 굳게 갖지 않는 한, 이 귀한 일을 끝까지 감당할 수 없습니다. 믿음 위에 확고한 의지를 세울 때 아름답게 결실합니다.

## 3. 험악한 시대와 사회 환경을 직시하고 이에 대비해야 합니다

오직 너는 스스로 삼가며 네 마음을 힘써 지키라 그리하여 네가 눈으로 본 그 일을 잊어버리지 말라 네가 생존하는 날 동안에 그 일들이 네 마음에서 떠나지 않도록 조심하라 너는 그 일들을 네 아들들과 네 손자들에게 알게 하라 신 4:9

세상이 무서운 속도로 변해갑니다. 옛날에는 10년 걸리던 변화가 불과 1-2개월 사이에 일어납니다. 우리나라에 인터넷이 들어온 지 얼마나 되었다고, 인터넷을 모르면 원시인 소리를 듣는 세상이 되었습니다.

윤리와 도덕이 땅에 떨어진 이 시대를 사는 아이들을 바라보노라면, 그들의 삶이 마치 흙탕물 홍수가 범람하는 강을 건너는 것처럼 보입니다. 언제 어디서 강물에 휩쓸려 떠내려갈지 알 수 없습니다. 그러한 현상은 앞으로 점점 더 심해질 것입니다.

부모는 어떻게 자녀들을 무장(武裝)시켜서 세상에 내보내야 할까요? 단순히 부모의 말과 훈계로는 되지 않습니다. 오직 자녀를 위해 기도해야 합니다. 기도할 뿐 아니라 하나님의 말씀으로 무장시켜야 이 혼탁한 시대에 살아남을 수 있습니다.

성경을 가르치는 것만으로는 턱없이 부족합니다. 성경을 암송하게 하고, 그 말씀을 묵상하고 적용하는 훈련이 어릴 때부터 몸에 배도록 해야 합니다. 부모의 굳은 각오 없이는 성경암송 교육이 쉽게 이뤄질 수 없다는 사실을 알고 훈련에 임해야 합니다.

### 4. 말씀의 권능을 전적으로 믿어야 합니다

대저 하나님의 모든 말씀은 능하지 못하심이 없느니라 마리아가 이르되 주의 여종이오니 말씀대로 내게 이루어지이다 하매 천사가 떠나가니라 눅 1:37,38

주의 말씀은 믿는 자에게 믿는 그대로 이루어집니다. 마리아는 천사 가브리엘이 전하는 하나님의 말씀을 믿음으로 받았고, 그 말씀은 그대로 이루어져 동정녀 마리아에게서 예수 그리스도가 탄생하셨습니다.

어머니가 주의 말씀을 믿고 앞장서서 암송하며 자녀에게 권면하면, 자녀는 그 말씀을 진리로 받아들이며 어머니보다 더욱 잘 암송하게 됩니다. 어머니 유니게의 믿음으로 아들 디모데가 장성하여 바울이 사랑하는 믿음의 아들이 되었고, 어거스틴의 어머니 모니카는 믿음으로 아들을 성자(聖者)로 만들었습니다. 존 웨슬리의 어머니 수잔나 역시 믿음으로 아들을 영국을 살리는 하나님의 큰 종으로 길러냈습니다.

이처럼 자녀는 부모의 입에서 나오는 훈계가 아닌 부모의 기도와 믿음대로 사는 삶을 보고 성장합니다.

### 5. 암송 훈련은 자녀교육의 필수과목임을 인식해야 합니다

오늘 내가 네게 명하는 이 말씀을 너는 마음에 새기고 신 6:6

너희가 내 안에 거하고 내 말이 너희 안에 거하면 무엇이든지 원하는 대로 구하라 그리하면 이루리라 요 15:7

여기서 '말씀을 마음에 새긴다'라는 건 암송을 말하고, '주의 말씀이 내 안에 거한다'라는 건 주의 말씀을 암송하여 언제든지 그 말씀을 떠올릴 수 있는 상태를 뜻하는 게 아닐까요?

"성경을 읽으면 됐지, 바쁜 세상에 꼭 암송까지 해야 해?"

이렇게 말할 수 있습니다. 물론 읽는 것도 중요하지요. 그러나 성경을 읽기만 하면, 묵상할 때 그 구절이 온전히 떠오르지 않습니다. 하지만 성경을 암송하면 앉을 때나 누울 때나 뭔가를 기다릴 때나 상담할 때나 어려운 일을 당할 때나 언제든 수시로 그 말씀이 떠오를 뿐 아니라 입 밖으로 튀어나오게 됩니다.

암송 훈련은 선택과목이 아니라 필수과목입니다. 특히 기억력이 왕성한 어린 시절에 하나님께서 주신 진리의 말씀을 암송하고 그것을 묵상하며 적용하는 훈련을 쌓는 것은 세상의 어떤 교육보다도 중요합니다.

### 6. 굳건한 마음으로 성경암송과 인격 함양 훈련에 임해야 합니다

너는 마음을 다하고 뜻을 다하고 힘을 다하여 네 하나님 여호와를 사랑하라

신 6:5

성경암송은 오랜 시간 투자를 요합니다. 그러니 비전과 확신이 없다면, 당장 눈앞에 유익이 보이지 않는 암송 훈련을 자녀에게 지속시키기가 매우 어려울 것입니다.

사랑하는 자녀를 말씀으로 올바로 키우기 위해서는 주기철 목사님의 일사각오(一死覺悟) 정신을 본받아 어떤 희생이라도 감수하며 훈련에 임하겠다는 마음의 준비가 필요합니다.

신명기 말씀처럼 마음과 뜻과 힘을 다해 하나님의 말씀을 사모하고 암송하면 능치 못할 일이 없을 것입니다.

암송 훈련의 열 가지 효과

이제부터는 성경암송 교육이 자녀에게 끼치는 긍정적인 영향을 살펴보겠습니다.

## 1. 자신감이 생긴다

내게 능력 주시는 자 안에서 내가 모든 것을 할 수 있느니라 빌 4:13

여호와는 내 편이시라 내가 두려워하지 아니하리니 사람이 내게 어찌할까
시 118:6

어린이가 부모로부터 "이거 하지 마라", "저거 하지 마라", "왜 이런 일을 했니?"라고 명령과 꾸지람만 듣고 자라면 자신감을 잃습니다. 그런 아이는 학교에서도 성적이 부진하여 선생님에게 칭찬보다 꾸중을 듣는 경우가 더 많지요. 또한 무슨 일을 하든 소극적이고, 창조적인 아이디어를 낼 생각은 엄두조차 못 하게 됩니다.

그러나 성경 말씀을 암송하고 묵상하는 훈련을 받으면 '나는 할 수 없지만 주께서 함께하시면 못 할 일이 없다'라는 자신감이 생깁니다. 이는 자칫 잘못하면 자만에 빠질 수 있는 '그래, 난 할 수 있어'(Yes, I can)가 아닌 '그래, 나는 그리스도 안에서 무엇이든지 할 수 있어'(Yes, I can do everything in Christ)이지요. 이 생각은 올바른 믿음과 진정한 자신감

을 가져다줍니다. 실제로 성경암송에 이력이 붙기 시작하면 학업 성적
도 오르는데, 이유는 바로 자신감 때문입니다.

운동선수들도 기본적으로 갖춰야 할 정신 자세 중 하나로 자신감을
기르기 위해 꾸준히 훈련합니다. 어린이가 성장하는 동안 어려움이 닥
칠 때마다 주의 말씀을 기억하고 선포하는 습관을 익히면, 장성해서 어
떤 힘든 일을 만나도 좌절하지 않고 매사에 자신감을 갖게 됩니다. 자
신감은 성공의 어머니이기도 하지요.

'골프의 3C'는 골프를 잘 치는 사람이 갖춰야 할 기본자세를 가리키는
유명한 말입니다. 첫째 C는 Confidence(자신감)이고, 둘째 C는 Con-
centration(집중력) 그리고 셋째 C는 self-Control(자제력)입니다. 광활
한 골프장에서 아기 주먹만 한 공을 골프채로 쳐서 200여 미터나 멀리
떨어져 있는 잔디 위에 떨어뜨리기도 하고, 몇 센티미터 또는 몇 미터
거리에서 잔디밭에 뚫린 작은 구멍에 단번에 넣으려면 무엇보다 자신
감이 있어야 한다는 것입니다.

성경암송 훈련을 어려서부터 쌓아나가면 학습활동은 물론 어떤 일
에도 자신감이 생겨 탁월함을 발휘할 것입니다. 하나님의 말씀이 영혼
을 맑게 할 뿐 아니라 자신감을 불어넣어 주므로 우리가 그 이상의 복
을 어디서 바라겠습니까!

내가 주의 법을 어찌 그리 사랑하는지요 내가 그것을 종일 작은 소리로 읊조리
나이다 주의 계명들이 항상 나와 함께하므로 그것들이 나를 원수보다 지혜롭

게 하나이다 내가 주의 증거들을 늘 읊조리므로 나의 명철함이 나의 모든 스
승보다 나으며 주의 법도들을 지키므로 나의 명철함이 노인보다 나으니이다

시 119:97-100


## 2. 집중력이 길러진다

오늘날 아이들의 집중력이 대부분 떨어졌다고 합니다. 아마도 텔레
비전이나 컴퓨터의 산만한 화면이 영향을 준 듯합니다.

나는 어릴 적에 친구들과 양지바른 곳에 모여 앉아 돋보기 렌즈를 이
용하여 햇빛을 한군데로 모은 다음 불을 붙이는 놀이를 했습니다. 종
이가 타는 것이 신기해서 이것저것 가져다가 태우며 즐거워했던 기억이
생생하게 떠오릅니다. 그렇게 빛을 한곳으로 모아 '집중'시키면 종이가
타들어 갔지요.

우리나라 양궁은 올림픽의 메달박스입니다. 때로는 양궁 선수들이
시위를 당겼다가도 집중력이 떨어지면 활을 내리고 재시도하는 모습을
볼 수 있습니다. 아무리 표적을 잘 맞히는 선수라고 해도 말입니다.

집중력은 훈련으로 강화됩니다. 성경암송은 정신 집중을 하지 않으
면 이뤄지지 않습니다. 따라서 암송과 묵상 훈련을 하는 동안 집중력
이 향상되지요. 정신일도 하사불성(精神一到 何事不成), 곧 '정신을 한곳에
모으면 어떤 일을 이루지 못하겠는가'라는 말이 있습니다. 일단 집중력
이 몸에 배면 무슨 일을 하든 능률적이고 생산적으로 하게 됩니다.

## 3. 학업 능력이 향상된다

내가 말하는 것을 생각해보라 주께서 범사에 네게 총명을 주시리라 딤후 2:7

이 약속의 말씀을 우리는 귀담아들어야 합니다. 주께서 범사에 총명을 주시면 학업 성적이 어찌 오르지 않을 수 있겠습니까. 암 치료의 세계적인 권위자인 원종수 박사님의 간증에 따르면, 성경 말씀을 사모하고 말씀대로 행했더니 시험 전날에 한 번 읽고 간 책 내용이 다 떠올랐다고 했습니다.

주께 총명을 받는 비결은 말씀을 사모하고 암송하며 그대로 행하는 것입니다. 복음 곧 하나님의 말씀을 사모하고 암송하여 주야로 묵상하면 복을 주시겠다는 약속이 성경 곳곳에 기록되어 있습니다. 요한복음 14장에는 이런 말씀이 있습니다.

보혜사 곧 아버지께서 내 이름으로 보내실 성령 그가 너희에게 모든 것을 가르치고 내가 너희에게 말한 모든 것을 생각나게 하리라 요 14:26

보혜사 성령께서 우리가 배우고 복습한 모든 것을 기억나게 하시면 공부한 만큼 시험 답안지에 답을 완벽하게 써서 만점을 받을 수 있지 않겠습니까.

이처럼 성경 말씀을 사모하고 날마다 암송하면 기억력이 향상될 뿐 아니라 말씀의 깊은 뜻을 깨달을 수 있습니다. 밝고 명랑하게 생활하는 가운데 자신감과 집중력이 향상될수록 학업 성적도 오르니, 일석이조의 유익이 될 것입니다.

### 4. 아름다운 꿈을 꾸게 한다

내가 여호와의 명령을 전하노라 여호와께서 내게 이르시되 너는 내 아들이라 오늘 내가 너를 낳았도다 시 2:7

무엇이든지 전에 기록된 바는 우리의 교훈을 위하여 기록된 것이니 우리로 하여금 인내로 또는 성경의 위로로 소망을 가지게 함이니라 롬 15:4

월리엄 클라크 박사의 "Boys, be ambitious in Christ!"(젊은이들이여, 그리스도 안에서 대망을 가져라)는 널리 알려진 말입니다. 오늘날의 젊은이들에게는 꿈이 필요합니다. 꿈이 없는 삶은 불행하지요. 따라서 자녀가 아름다운 꿈을 갖도록 가꿔주는 건 무척 중요합니다.

요셉은 형들에 의해 애굽에 팔려가서도 일찍이 하나님께서 보여주신 아름다운 꿈을 잃지 않고 성실히 일했습니다. 누명을 쓰고 옥에 갇혔을 때도 그 꿈을 잃지 않았기에, 하나님의 인도하심에 따라 애굽의 총리대신이 되어 애굽과 부모 형제를 모두 구할 수 있었지요.

어릴 때부터 자녀에게 성경암송을 가르쳐서 자신감을 심어주고, 나아가 세계적인 신앙 위인들의 전기를 읽고 독후감을 쓰게 하는 일은 참으로 중요합니다. 아이가 본받고 싶은 인물을 마음에 간직하고 그 인격을 흠모하며 아름다운 꿈을 키워가기 때문입니다.

### 5. 밝고 긍정적인 성격으로 변한다

우리가 알거니와 하나님을 사랑하는 자 곧 그의 뜻대로 부르심을 입은 자들에게는 모든 것이 합력하여 선을 이루느니라 롬 8:28

예수께서 이르시되 할 수 있거든이 무슨 말이냐 믿는 자에게는 능히 하지 못할 일이 없느니라 하시니 막 9:23

현대인의 바람직하지 못한 특징 가운데 하나는 '부정적인 성격'입니다. 민족의 정이 어느새 사라지고, 이웃을 믿지 못할 뿐 아니라 순수한 호의도 부정적으로 받아들여 의심하거나 거절하는 풍조가 만연합니다. 이럴 때일수록 기독교 가정에서부터 말씀을 통해 따뜻한 인정(人情)을 회복해나가야 할 것입니다.

성경암송과 묵상이 생활화되고 말씀을 삶에 적용하며 살다 보면 합력하여 선을 이루시는 하나님의 섭리를 깨닫습니다. 그러면 무슨 일이든지 하나님의 선하신 섭리로 받아들이고, 말씀에 기쁘게 순종하며, 성격이 긍정적으로 변하지요.

## 6. 주님의 새 계명인 사랑을 지킬 수 있다

새 계명을 너희에게 주노니 서로 사랑하라 내가 너희를 사랑한 것같이 너희도
서로 사랑하라 요 13:34

여호와를 경외하며 그의 길을 걷는 자마다 복이 있도다 시 128:1

새 계명, 곧 예수님이 우리를 사랑하신 것같이 우리도 서로 사랑하라는 예수님의 지상명령을, 우리가 지키고 싶지 않아서 안 지키는 게 아닙니다. 몰라서 안 지키는 것도 아니지요. 마음은 원이로되 육신의 연약함 때문에 못 지키는 것입니다.

로마서에서 바울 사도는 자탄(自歎)하며 고백합니다.

내가 원하는 바 선은 행하지 아니하고 도리어 원하지 아니하는 바 악을 행하는도다 … 내 속사람으로는 하나님의 법을 즐거워하되 내 지체 속에서 한 다른 법이 내 마음의 법과 싸워 내 지체 속에 있는 죄의 법으로 나를 사로잡는 것을 보는도다 오호라 나는 곤고한 사람이로다 이 사망의 몸에서 누가 나를 건져내랴 우리 주 예수 그리스도로 말미암아 하나님께 감사하리로다 그런즉 내 자신이 마음으로는 하나님의 법을 육신으로는 죄의 법을 섬기노라 롬 7:19,22–25

하지만 어려서부터 성경암송과 묵상을 하고 그 말씀을 실생활에 적

용하는 훈련을 쌓으면, 주님의 지상명령이자 새 계명으로 주신 사랑을 지킬 수 있게 됩니다. 그리하여 성화(聖化)되고 신앙 인격이 갖춰집니다.

### 7. 청소년기의 유혹, 방황, 갈등, 고민을 스스로 이겨낼 수 있다

청년이 무엇으로 그의 행실을 깨끗하게 하리이까 주의 말씀만 지킬 따름이니이다 시 119:9

내가 주께 범죄하지 아니하려 하여 주의 말씀을 내 마음에 두었나이다 시 119:11

우리는 이 세상이 공중 권세를 잡은 사단의 영이 발악하는 무서운 장소가 되어가는 징조를 일상에서 쉽게 목격합니다. 특히 청소년들은 환경에 민감하며 유혹에 넘어가기 쉽지요. 성적(性的) 유혹을 비롯한 모든 죄악의 유혹으로부터 청소년이 자신을 지킬 방법은 말씀을 사모하여 성경을 암송 묵상하며 말씀에 순종하는 길 외에는 없습니다.

청소년들은 외적으로 환경의 유혹에 약한 반면, 내적으로는 자신의 미래에 대해 심각한 회의에 빠지기도 하고, 부모나 이성 친구 또는 동성 친구와의 갈등, 외모에 대한 열등감, 성적으로 인한 고민, 진학 문제 등으로 많이 흔들립니다. 하지만 어려서부터 성경 말씀 곧 하나님의 약속을 굳게 믿고 따르면, 이 모든 어려움을 말씀으로 넉넉히 이겨낼 수 있을 것입니다.

## 8. 가정의 분위기가 새로워진다

여호와를 경외하며 그의 길을 걷는 자마다 복이 있도다 네가 네 손이 수고한
대로 먹을 것이라 네가 복되고 형통하리로다 네 집 안방에 있는 네 아내는 결
실한 포도나무 같으며 네 식탁에 둘러앉은 자식들은 어린 감람나무 같으리로
다 여호와를 경외하는 자는 이같이 복을 얻으리로다 시 128:1–4

가정에서 수시로 말씀암송 대회를 열고 시상식을 하면 좋은 점이 여
러 가지 있습니다. 가정의 분위기가 명랑해지고, 부모 자녀 간 대화가
자연스럽게 이뤄지지요. 특히 성경 말씀이 대화의 주제가 되어 가정에
서 경건 생활의 아름다운 꽃이 피게 됩니다. 어린이는 어른보다 암기력
이 뛰어나므로 암송 대회의 상은 언제나 자녀에게 돌아가게 마련입니
다. 이런 점을 잘 활용하면 자녀의 성품이 매사에 적극적이며 긍정적으
로 변하는 좋은 기회가 될 것입니다.

때로 아이들이 성경 내용에 관해 기발한 질문을 던지기도 할 것입니
다. 그러므로 부모는 더욱 열심히 성경공부를 해야 하지요. 자녀의 질
문에 정확한 답을 알지 못하는 경우에는 자녀에게 반드시 양해를 구하
고, 목사님에게 질문하거나 참고도서를 통해 자녀에게 명쾌한 답을 줘
야 합니다.

그러는 동안 가정의 분위기가 날로 새로워지고 부모와 자식, 부부,
형제 사이에 즐겁고 보람된 대화가 이어질 것입니다.

## 9. 정직하고 성실해진다

모든 성경은 하나님의 감동으로 된 것으로 교훈과 책망과 바르게 함과 의로 교육하기에 유익하니 이는 하나님의 사람으로 온전하게 하며 모든 선한 일을 행할 능력을 갖추게 하려 함이라 딤후 3:16,17

세상에 성경보다 더 좋은 인생 교재는 없습니다. 그러나 성경에 아무리 훌륭한 내용이 담겨있어도 건성으로 읽거나 주입식 교육을 하면 그 효과가 거의 없지요. 실제로 많은 성도가 그런 식으로 성경을 읽고 공부하기에 성경 따로, 삶 따로인 안타까운 모습을 보입니다.

성경 말씀은 암송하기 위해 수십 번 집중적으로 반복하는 동안 그 안에 담긴 깊은 뜻을 깨닫게 됩니다. 더욱이 그렇게 암송한 말씀을 수시로 묵상하면서 삶에 적용하는 훈련을 하면 저절로 정직하고 성실한 성품을 갖추게 되지요.

## 10. 발표력, 이해력, 사고력이 향상된다

사흘 후에 성전에서 만난즉 그가 선생들 중에 앉으사 그들에게 듣기도 하시며 묻기도 하시니 눅 2:46

성경암송을 하면 자신감과 집중력이 생깁니다. 성경 말씀을 중심으로 가족이 대화를 나누다 보면 자녀의 발표력과 이해력, 사고력이 크게 향상됩니다. 그뿐 아니라 적극적인 사고방식과 긍정적인 접근법이 체질화되어 창조적이며 생산적인 사고를 할 수 있지요.

이제는 대학 입시나 취업 시험도 인성과 인간관계, 발표력과 이해력, 사고력을 평가하는 데 치중할 것입니다. 성경암송과 묵상과 적용은 이 모든 것을 기르는 바람직한 훈련이 될 수 있습니다.

가정교육은 매일 또는 일주일에 몇 번씩 부모와 자녀가 함께 암송 훈련을 하고 암송 대회도 열며 성경 말씀에 대한 생각을 나누는 가운데 저절로 이뤄집니다.

무엇보다 암송을 중심으로 하는 가정예배는 아주 바람직합니다. 가정예배가 어른 중심에서 자녀 중심으로 바뀌면 자녀들이 더욱 좋아하겠지요. 외운 말씀을 함께 암송하며 그 뜻을 풀어주기도 하고 각자 받은 은혜를 나누다 보면, 자녀들이 사모하는 가정예배가 됩니다.


## 신인류 창조의 꿈


예수께서 이르시되 할 수 있거든이 무슨 말이냐 믿는 자에게는 능히 하지 못할 일이 없느니라 하시니 막 9:23


내게 능력 주시는 자 안에서 내가 모든 것을 할 수 있느니라 빌 4:13

우리에게는 '303비전'이라는 신인류 창조의 꿈이 있습니다. 세상은 온통 죄성으로 가득 찬 기성세대에 의해 정치, 경제, 문화에 우선순위를 두고 움직이는 것 같습니다. 이런 세태가 바람직하지 못할 뿐 아니라 때론 절망적으로 느껴질지라도, 내일의 황홀한 꿈이 있기에 우리는 더욱 힘내어 뛸 수 있습니다.

우리는 303비전의 아름다운 꿈을 안고 30년, 60년, 100년 앞을 내다봅니다. 그를 위해 성경암송 태교를 하고 어린이, 청소년이 성경암송을 체질화할 수 있도록 신앙 인격 교육에 우선순위를 두어야 할 것입니다.

구하라 그리하면 너희에게 주실 것이요 찾으라 그리하면 찾아낼 것이요 문을 두드리라 그리하면 너희에게 열릴 것이니 마 7:7

오늘날 세상 사람들은 꿈이 없이 자녀를 낳아 기르기에 양육비에 부담을 많이 느끼고 다출산을 기피합니다. 그러나 우리 크리스천은 성경암송 태교로 신인류를 창조하겠다는 꿈이 있으므로, 아기를 많이 낳아 조기 성경암송 교육을 시켜야 한다고 생각합니다. 그렇게 되면 영적으로나 인격적으로 차별화된 세계적인 인물을 많이 배출할 수 있을 것입니다.

보라 내가 새 일을 행하리니 이제 나타낼 것이라 사 43:19

나에게는 꿈이 있습니다. 30년 후, 이 땅에 인격과 능력을 겸비한 303비전 1세대가 넘쳐나서 말씀의 생활화가 이뤄지는 기독교문화가 아름답게 꽃피우는 것입니다. 또한 이들이 최첨단 기술과 풍성한 지식, 두터운 신뢰를 바탕으로 정치, 경제, 문화, 교육, 예술을 포함한 모든 분야에서 공의와 사랑의 리더십을 발휘하는 것입니다. 나는 이 소망이 이뤄질 걸 확신하며 오늘도 꿈을 꿉니다.

휴대폰을 열면 언제든지 성경을 볼 수 있는 시대에 힘들여 암송할 필요가 뭐 있냐면서, 차라리 그 노력으로 성경을 읽거나 쓰는 게 낫다고 말하는 젊은이들이 있습니다. 사모가 암송학교에서 어린 자녀와 함께 열심히 말씀암송을 훈련하여 7주 만에 100절을 줄줄 암송하는 것을 보면서도, 자신은 암송하지 않아도 되는 듯 관심조차 보이지 않는 젊은 교역자들도 있습니다. 또 자기 혼자 암송하는 것으로 즐거워하는 집사, 권사들도 있지요.

주의 말씀의 맛이 내게 어찌 그리 단지요 내 입에 꿀보다 더 다니이다 시 119:103

이 달고 오묘한 말씀을 내 속에 모셔 들여서 말씀과 늘 동행하면 영적으로 풍성한 은혜 속에 살며, 참 지혜와 지식을 소유하여 참 자유와 기쁨을 누리며 살 수 있습니다.

나아가 보혜사 성령께서 성도가 가야 할 길을 가르쳐주시고, 마땅히 해야 할 말을 생각나게 하시므로, 암송을 잘하는 어린이는 기도가 달라지고 생각이 올바로 바뀌어 하나님 중심으로 말하고 행동하게 됩니다. 또한 하나님의 말씀이 마음의 중심을 차지하므로 사춘기의 방황이 말끔히 사라지고, 집중력과 자신감이 생겨 학업 성적도 절로 오르게 되지요.

자폐증으로 학교에서는 왕따를 당하고 집에서는 방문을 닫고 엄마와 대화하기 싫어하던 아이가 말씀을 암송하면서 자신감을 되찾고 기쁨을 맛보며 엄마와도 친밀해지고, 학교에서는 학급 부회장으로 뽑히는 기적 같은 일이 일어나고 있습니다.

> 보혜사 곧 아버지께서 내 이름으로 보내실 성령 그가 너희에게 모든 것을 가르치고 내가 너희에게 말한 모든 것을 생각나게 하리라 요 14:26

## 암송 조기교육 : 말씀암송 태교

신인류 창조의 꿈은 아직까지 의학자나 과학자에 의해 증명되지는 않았습니다. '아직까지'라 하는 것은 내가 어떤 의학자나 과학자에게도 진위 여부를 문의하지 않았다는 뜻이기도 하지만, 때가 이르면 하나님께서 그들이 증명할 수밖에 없도록 확실한 산 증거를 세상에 보여 주시리라는 뜻이기도 합니다.

그렇다고 그 꿈이 과학적인 지식을 전혀 토대로 하지 않은 것은 아님니다. 의학박사인 박문일 교수의 저서《태교는 과학이다》와 토마스 버니 박사의《태아는 알고 있다》의 내용과 성경적 원리를 좇아 상식선의 과학을 기초로 한 꿈이라고 할 수 있을까요. 나는 태반을 통해 태아에게 전달되는 임신부의 슬픔과 기쁨, 놀람과 평안이 태아의 마음속에 분명히 입력되고 저장된다고 믿습니다.

임신 6개월에 접어들면 태아는 오감을 느낄 수 있다고 합니다. 현대 장비를 이용하면 태아가 청각적인 자극에 어떤 반응을 보이는지 쉽게 확인할 수 있는데, 임신부가 크게 소리를 지르거나 외부에서 큰 소리가 나면 태아가 깜짝깜짝 놀란 것처럼 몸을 움직입니다.

태아는 임신부의 심장 소리를 4-5개월 동안 들으며 자랍니다. 보통 임신부의 심장은 '쿵더쿵 쿵더쿵' 삼박자로 뜁니다. 그런데 임신부가 갑자기 놀라거나 흥분하면, 심장 고동 소리가 '쿵덕 쿵덕 쿵덕 쿵덕' 하면서 두 박자로 바뀌어 요란해집니다. 천둥이 치는 듯한 소리를 듣고 태아는 기겁할 수밖에 없지요.

임신 후기에 이런 일이 자주 일어나면 태아의 정서가 불안정한 정보로 가득 채워지게 되는 건 자명한 일입니다. 그 아기가 세상에 태어나면, 걸핏하면 울고 작은 소리에도 깜짝깜짝 놀라며 어려서부터 불안한 정서를 갖게 될 것입니다.

이와는 정반대로 잉태된 아이를 그려봅시다. 임신부가 하나님을 찬미하는 찬송가나 헨델의〈메시아〉, 드보르자크의〈신세계 교향곡〉같은 명곡을 듣는다면 어떻게 될까요?

아마 아이의 정서가 훨씬 안정적으로 발달하겠지요. 그에 더해 임신부가 성경을 읽거나 좋은 설교를 들어도 좋겠지만, 성경을 암송하고 주야로 즐겨 묵상한다면 더욱 이상적인 태교가 될 것입니다. 그럴 때 태아는 '쿵더쿵 쿵더쿵' 하는 어머니의 리듬감 있는 심장 고동 소리를 들으며 평안히 자라게 됩니다.

이렇게 태어난 아기에게 어려서부터 성경암송이 체질화되도록 가르치면 어떨까요? 그 아이는 분명히 신인류가 되리라 믿습니다. 화목한 부모의 슬하에서 말씀을 먹으며 기쁨과 감사가 넘치는 영아기, 유아기, 유년기, 소년기, 청소년기를 보낸다면, 이제까지 태어난 누구보다도 '복 있는 사람'이 되겠지요! 그렇게 3세대만 지속하면, 이 땅은 100년 안에 그리스도의 성품을 가진 신인류로 가득 채워질 것입니다.

현재 성경암송으로 태교한 신인류 후보생 아이들이 속속 등장하고 있습니다. 그 아이들의 공통된 특징은 한결같이 잘 웃고 여간해서 울지 않는다는 것입니다. 어쩌다 그런 아이도 있는 게 아니라 놀랍게도 모든 아이가 그렇습니다.

그중에는 다른 말은 못 해도 엄마가 옆에서 시편을 암송하고 "아멘" 하면 그 소리를 따라서 "아멘!" 하는 아기가 둘이나 있습니다. 또 아무도 없는 방 안에서 홀로 깨도 울지 않고 주먹만 빨며 잘 노는 아기도 있습니다.

한번은 그 아기 엄마가 부득이 외출하게 되어 옆방에 있던 남편에게 "아기가 자고 있으니 깨거든 잘 돌봐주세요"라고 부탁하고 나갔습니다. 그런데 엄마가 두세 시간 후에 돌아와 보니 아빠가 일에 몰두하느라 아기를 잊고 있었는데, 그동안 혼자 잠에서 깨어난 아기가 아무렇지도 않게 잘 놀고 있었다고 합니다.

나의 막내아들의 막내는 그 어미가 임신 2개월 때부터 이슬비성경 암송학교에서 암송 훈련을 받고 낳은 아이입니다. 어릴 때부터 어찌나 잘 웃고 인사성이 밝은지 아파트와 교회에서 '스마일 베이비'로 유명했지요.

나는 확신합니다. 성경암송 태교로 아이를 낳아서 어려서부터 암송 교육을 시키면 그 아이가 신인류로 자란다는 것을요. 꿈을 가진 모든 가임 여성이여, 귀 있는 어머니들이여, 아이를 하나님의 말씀으로 태교하고 키우기 위해 먼저 말씀을 즐겨 암송하고 주야로 묵상하지 않으시렵니까?


인간은 교육을 통해 인간다워집니다. 자녀를 키워본 사람은 누구나 조기교육의 중요성을 절실히 느낄 것입니다. 교육의 시기가 빠르면 빠를수록 효과가 더욱 극명하지요.

사람의 성품은 3세 이전에 형성된다고 주장한 세계적인 학설을 성년이 되어 처음 배우고서 얼마나 낙심했는지 모릅니다.

'내가 아무리 노력해도 내 성품은 바뀔 수 없다는 말인가?'

그러나 성경을 통해 성령의 역사로 거듭날 수 있다는 희망이 생겼지요. 그럼에도 성령충만하지 못한 탓인지 성내기를 잘하는 온유하지 못한 성품은 자기와의 싸움에 피투성이가 될 지경임에도 바뀌려면 아직 멀었습니다.

이렇듯 나만 홀로 자신의 부족함에서 헤어나지 못하는 것 같다가도 로마서 7장을 묵상하노라면, 죄성을 가진 모든 인간의 한계를 깨닫게 됩니다.

> 내 속 곧 내 육신에 선한 것이 거하지 아니하는 줄을 아노니 원함은 내게 있으나 선을 행하는 것은 없노라 롬 7:18

그런데 놀랍게도 최근 10년 동안 말씀암송 태교로 태어난 아이들을 보면, 품성(稟性)이 온유한 것을 봅니다. 품성이란 태어날 때부터 타고난 선천적 성질로서, 우리의 자녀가 온유한 품성을 하나님으로부터 하사받고 태어나도록 하는 것이 기성세대의 사명이요 책임이 아닐까요.

사람의 머리는 신비합니다. 내가 초등학교 입학 전에, 어머니는 내게 시간 개념을 찬찬히 알려주셨습니다.

"1시간은 60분이며, 12시간이 두 번 지나가면 하루가 된다. 1개월은 30일 혹은 31일이며, 12개월이 지나면 1년이 간다."

벽시계를 보며 들은 이 얘기가 나는 매우 신기했고, 70여 년이 지난 지금도 또렷이 기억납니다.

중학교 때는 30리 길을 아버지와 함께 걸으며 함양 여(呂)씨 28대 족보를 배웠습니다. 조선 왕조의 계보를 "태정태세 문단세…" 식의 7언구로 암송하듯이 "어림자상 위문극…" 식으로 여 씨 족보를 암송했던 일이 여전히 생생하지요.

그러나 지금은 상대방과 악수하는 사이에 좀 전에 들은 그의 이름을 손을 놓기도 전에 까맣게 잊어버립니다. 성(姓)조차 기억나지 않을 때도 많지요. 그런 기억력을 가진 주제에 말씀암송에 관한 책을 냈고, 암송을 가르치고 있습니다.

유니게 과정 5단계 암송 구절인 500절은 말할 것도 없고, 《말씀암송 1000》에 실린 말씀들은 모두 내가 즐겨 암송한 말씀으로 구성한 것입니다. 그러나 지금 내게 이 말씀을 다 암송하느냐고 묻는다면, 대답은 "아니오"입니다. 요한계시록 1, 2, 3, 22장은 다섯 차례 이상 다시 암송했음에도 불구하고 지금 암송하려고 하면 자주 막힙니다. 물론 제대로 암송하기 시작하면 비교적 쉽게 복원되지요. 더욱 안타까운 건 그간 개역한글판으로 암송했기에 새로 나온 개역개정판으로 다시 암송하려면 얼마나 힘이 드는지 모릅니다.

오늘 내가 네게 명하는 이 말씀을 너는 마음에 새기고 네 자녀에게 부지런히 가르치며 신 6:6,7

하나님께서는 사람을 어릴수록 잘 외우도록 창조하셨습니다. 그리고 자랄수록 암송 달란트는 거둬가시되 생각하고 응용하고 판단하는 능력을 부어주시지요.

이스라엘 민족은 하나님의 명령에 순종하여 말씀암송 태교로 자녀를 낳아 가정교육의 우선순위를 토라 암송과 가정예배로 삼아왔습니다. 그랬기에 2천 년 동안 나라 없는 유랑 민족으로 살면서도 율법의 말씀을 지켰을 뿐 아니라, 오늘날 미국을 위시하여 전 세계의 경제, 학문, 문화 등을 좌지우지하고 있지요.

우리도 30년, 60년, 100년 뒤를 대비해야 합니다. 말로만 해서도 안 되고 타이밍을 놓쳐서도 안 됩니다. 부모가 가정에서 어린 자녀에게 말씀을 암송시키며 어린이 중심의 말씀암송 가정예배를 날마다 드리는 지속적인 훈련을 통해 말씀의 생활화를 이루도록 일로매진해야 합니다.

교회학교 교육도 암송 훈련을 우선시해야 하고, 그러기 위해 부모와 교사가 먼저 암송해야 합니다. 이 책이 그 동기부여가 되기를 간절히 바랍니다.

마땅히 행할 길을 아이에게 가르치라 그리하면 늙어도 그것을 떠나지 아니하리라 잠 22:6

우리의 사랑스러운 아이들을 어떤 환경에서, 어떻게 교육하는 게 가장 이상적일까요? 바로 어려서부터 부모가 본을 보이며 성경암송을 가르치는 것입니다. 그렇게 하면 성경암송 태교를 받지 못하고 태어난 아이라 할지라도, 기성세대처럼 죄성을 가진 자아와 투쟁하는 데 시간과 노력을 허비하지 않고 창조적이며 진취적인 일에 매진할 수 있을 것입니다.

태교에 관한 기록은 중국의 옛 문헌에서 발견됩니다만, 세계 최초의 태교법 교습서는 조선 시대에 사주당 이 씨가 한문으로 저술하고, 그 아들 유희가 한글로 음을 달아놓은 《태교신기》(胎敎新記)입니다. 그만큼 선조들이 태교에 많은 관심을 기울였음을 알 수 있지요. 최근 연구 결과에 따르면, 태아는 임신 6개월이면 원시적이긴 해도 보고 듣고 느낄 수 있는 인격체로 성장하기 시작한다고 합니다.

세상은 태아를 건강하고 똑똑하게 하는 데 관심을 기울일 뿐이지만, 우리는 태아가 영적으로도 경건하기를 원합니다. 임신부가 좋은 음악을 듣고 아름다운 예술작품을 감상하면 태아에게 좋은 정서를 심어줄 수 있습니다. 또한 적당한 운동과 섭생(攝生)은 태아의 건강에 유익하지요. 이에 더해 크리스천의 특권은 하나님의 말씀을 읽고 배우고 묵상하고, 찬송가를 즐겨 들을 수 있다는 것입니다. 임신부가 하나님의 말씀을 암송하여 주야로 즐겨 묵상한다면 최상의 태교가 될 것입니다.

이 땅에는 아직까지 성경암송 태교로 낳은 아이가 많지 않습니다.

바꿔 생각하면, 앞으로 성경암송 태교로 낳을 아이들은 분명히 차별화된 신인류가 될 것입니다. 그 아이를 부부 사랑과 자녀 사랑이 충만한 가정에서 성경암송을 우선순위로 삼고 교육한다면, 틀림없이 전혀 다른 신인류 곧 온유하고 경건하며 밝고 정직하고 건강한 자녀로 자라날 것입니다.

## 말씀암송 태교법과 유의사항

1. 경건한 마음으로 암송에 임하라
2. 말씀을 사모하는 마음을 품어라
3. 엄마의 생각이 태아에 그대로 전달됨을 명심하라
4. 오직 즐거운 마음으로 말씀을 암송하라
5. 암송한 말씀을 항상 경건한 마음으로 묵상하라
6. 태아의 대뇌피질이 임신 24주부터 생성됨을 알라
7. 태아가 아빠의 기도 소리를 들으며 자란다는 걸 알라
8. 태아에게 찬송가를 즐겨 들려주면서 암송하라
9. 배 위에 손을 얹고 조용히 말해주는 습관을 가지라
10. 배 위에 손을 얹고 태아와 함께 말씀을 암송하라

기본 말씀암송 하기

1. 하나님을 감격과 기쁨으로 찬미하는 시편 중 더욱 감동되는 시편을 암송하며 하나님을 찬양합니다. ▶ 시 1,8,23,100,121,126-128,150편

2. 예수 그리스도를 만나며, 하나님의 사랑을 피부로 느끼고, 부모가 자녀를 위해 기도하는 약속의 말씀 중에서 더 감동되는 말씀을 묵상함으로써 생활의 말씀화, 말씀의 생활화를 자연스럽게 이룹니다.
   ▶ 요 1:1-14 ; 마 5:1-6, 7:1-14 ; 요일 1:1-10 ; 신 6:4-9 ; 창 12:1-4 ; 신 28:1-6 ; 잠 16:1-9 ; 사 53:1-9 ; 롬 7:14-25, 8:1-11 ; 고전 13:1-13 ; 엡 6:1-4

3. 구원의 원리와 기도 응답에 관한 말씀 중에서 더욱 감동되는 말씀을 암송합니다. ▶ 고후 5:17 ; 갈 2:20 ; 시 107:9 ; 잠 22:6 ; 시 18:1 ; 막 16:15 ; 살전 2:13 ; 렘 33:3 ; 시 119:67,71 ; 히 4:12,13 ; 사 40:31, 41:10 ; 수 1:8,9 ; 요 13:34,35 ; 갈 5:22-24 ; 롬 3:23,24


말씀 강보 만들기

유대 여인이 아기를 잉태하면 강보(襁褓)에 정성껏 하나님의 말씀을 수놓는다고 합니다. 그래서 아기가 세상에 나오자마자 미리 준비해둔 강보로 재빨리 아기를 돌돌 말지요. 그렇게 하는 이유는 태어나자마자 가장 먼저 하나님의 말씀으로 보호하여 사단이 범접하지 못하게 하기 위함입니다.

그 약혼한 마리아와 함께 호적하러 올라가니 마리아가 이미 잉태하였더라 거

기 있을 그때에 해산할 날이 차서 첫아들을 낳아 강보로 싸서 구유에 뉘었으니
눅 2:5-7

너희가 가서 강보에 싸여 구유에 뉘어있는 아기를 보리니 이것이 너희에게 표
적이니라 하더니 눅 2:12


나는 성경에서 가장 바람직한 태교를 한 어머니와 아들을 묵상할 때
사라와 이삭, 한나와 사무엘을 떠올립니다. 그런데 더 깊이 묵상할수
록 마리아와 예수님이 확대되어 보이지요. 특히 유대 여인이 임신 중에
하나님의 말씀을 수놓은 강보로 갓난아기를 돌돌 싸맨다는 사실을 알
게 되면서부터 더욱 마리아의 말씀 태교를 깊이 묵상하게 되었습니다.

마리아가 가브리엘 천사로부터 수태고지(受胎告知)를 받은 직후부터
예수님을 낳기까지 무엇을 했을까요? 처음 3개월은 친척 엘리사벳이
요한을 잉태한 지 6개월 된 때부터 만삭이 될 때까지 함께 살면서 가브
리엘에게 들은 약속의 말씀을 엘리사벳과 나누며, 온 정성을 들여 강보
를 비롯해 아기 옷과 이불에 말씀을 수놓았을 것으로 짐작됩니다. 그
러니 예수 그리스도와 세례 요한은 최고의 말씀태교로 태어난 거지요.

모든 엄마가 곧 태어날 아기를 감싸줄 강보를 비롯하여 아기 이불과
속싸개, 베개, 발싸개 등 모든 옷가지에 정성 들여 말씀을 수놓으면서
태교한다면 참으로 바람직할 것입니다.

## 사단의 치밀한 방해 공작

사단이 제일 싫어하고 두려워하는 것이 '전도'와 '말씀암송'입니다. 전도는 사단의 종으로 살던 사람을 하나님의 자녀로 돌이키는 것이기에 무척 싫어하지요.

또한 교회에 출석해도 하나님의 말씀이 그 안에 없는 성도는 본래의 죄성으로 인해 사단의 유혹에 넘어가기 쉬운 반면, 말씀을 암송하고 주야로 묵상하며 삶에 적용하는 성도에게는 사단의 유혹과 위협이 먹히지 않기에 사람이 말씀암송 하는 걸 극히 경멸합니다.

그래서 결사적으로 말씀암송 무용론(無用論)을 펼치며, 말씀을 멀리하려는 인간의 죄성을 이용해 말씀암송을 못 하도록 갖은 구실을 찾게 하지요.

어른, 아이 할 것 없이 세상을 올바로 살아간다는 건 쉬운 일이 아닙니다. 어둠의 권세, 곧 사단의 공격을 이겨나가야 하기 때문입니다. 에베소서 6장 17절은 "성령의 검(劍) 곧 하나님의 말씀을 가지라"라고 말씀합니다. 하나님의 말씀으로 전신갑주를 삼아야 완악한 세상에서 승리할 수 있지요. 말씀을 암송하여 주야로 묵상할 때 비로소 하나님의 전신갑주 중 마지막 장비인 예리한 성령의 검을 가질 수 있습니다.

사단은 영적 존재이므로 성령의 검으로만 물리칠 수 있습니다. 말씀을 내 안에 모시면, 보혜사 성령님이 성령의 검으로 사단을 대적하여 연약한 우리를 승리의 삶으로 인도하십니다. 그러니 성도가 성령의 검으로 무장하면 안전하며 평안과 기쁨을 누릴 수 있습니다.

다음은 사단이 자녀의 말씀암송을 방해하기 위해 머릿속에 집어넣는 대표적인 속이는 생각들입니다.

**최첨단 시대에 고리타분한 암송이**
**무슨 소용이 있는가?**

얼핏 들으면 일리가 있는 듯하지만, 하나만 알고 둘은 모르는 말입니다. 아이들이 초등학교 2학년이 되면 구구단을 암송함으로써 수학 공부의 기초를 다집니다. 중학교에 가서는 여러 가지 수학 공식들을 암기해야만 대수(代數)부터 시작해서 복잡한 미적분까지 풀어나갈 수 있지요. 이처럼 수학을 잘하려면 기본 공식을 암기해야 하듯이, 성도가 예수님의 참 제자가 되려면 기본이 되는 성경 말씀을 암송해야 합니다.

지금 우리는 신앙의 기본이 되는 말씀의 암송 없이 올바른 신앙생활을 기대하기 어려움에도 불구하고, 가정과 교회에서 말씀암송 훈련을 소홀히 하고 있습니다. 그래서 아이들이 고학년에 올라가고 청년이 되면 신앙에 회의를 품고 말없이 교회를 떠나는 거지요.

우리의 후대가 살아갈 시대는 환경과 생활양식이 더욱 빠르게 바뀔 것입니다. 그 변화에 적응하느라 모두 숨차게 달려가겠지요. 왜, 어디로 가는지도 모르고 말입니다. 하지만 하나님의 말씀은 불변합니다. 영원토록 변함없는 하나님의 말씀으로 돌아가지 않으면 진리를 지킬 수도, 진리대로 살 수도, 세상에서 앞서 나갈 수도 없습니다.

나는 "초대교회로 돌아가자"라는 구호를 오직 초대교회 성도들처럼 말씀을 사모하는 갈급한 마음으로 말씀을 암송하고, 그 말씀대로 살자는 뜻으로 이해합니다.

### 창의성을 길러줘야지
### 주입식 암송이 웬 말인가?

이도 그럴듯하게 들립니다. 암송 교육에 반대하는 사람들은 창의성이 없어진다는 걸 큰 이유로 삼습니다. 그러나 데살로니가전서 2장 13절은 이렇게 말씀합니다.

> 이러므로 우리가 하나님께 끊임없이 감사함은 너희가 우리에게 들은 바 하나
>
> 님의 말씀을 받을 때에 사람의 말로 받지 아니하고 하나님의 말씀으로 받음이
>
> 니 진실로 그러하도다 이 말씀이 또한 너희 믿는 자 가운데에서 역사하느니라

하나님의 말씀을 암송하여 묵상하는 사람은 그 말씀이 자기 안에서 역사하시는 것을 체험합니다. 요한복음 14장 26절에 "보혜사 곧 아버지께서 내 이름으로 보내실 성령 그가 너희에게 모든 것을 가르치고 내가 너희에게 말한 모든 것을 생각나게 하리라"라고 하셨습니다. 말씀을 많이 암송하고 늘 묵상하는 사람에게는 보혜사 성령께서 지혜와 은혜를 갑절로 부어주신다는 거지요. 창조적 아이디어(creative idea)는 보혜사 성령님이 주십니다.

그 예로, 나는 말씀을 암송하고 즐겨 묵상하면서 100여 종의 이슬

비전도편지, 사랑의편지, 복음편지 등을 개발했고, 지하철 사랑의편지, 회원제 사랑의편지, 각급 새신자통신교육 엽서도 만들었습니다.

여호수아서 6장 1-21절 말씀의 여리고 작전, 마태복음 13장의 옥토화 작전을 묵상하면서 '이슬비전도법'을 개발했을 뿐 아니라 '하니비암송법'을 활용한 303비전성경암송학교 유니게 과정을 창설했습니다.

말씀을 암송하면 보혜사 성령께서 함께하셔서 배운 것을 생각나게 하고 깨닫게 하신다는 요한복음 말씀의 약속 그대로입니다.

### 성경을 읽고, 배우고, 큐티하면 됐지
### 어려운 암송을 왜 하는가?

이런 생각 속에는 사단의 함정이 있습니다. 말씀암송 훈련을 받은 사람들의 말을 들어보십시오.

"이제까지 헛믿은 것 같아요. 늘 듣던 말씀이 새롭게 다가오는 걸 느낍니다. 이렇게 기쁘고 즐거운 말씀암송을 왜 여태 안 했는지 모르겠어요."

한 자매는 이렇게 말합니다.

"그동안 매일 새로운 말씀을 가지고 큐티를 하다 보니, 저도 모르게 매너리즘에 빠지고 말았어요. 아침에 큐티한 말씀을 붙잡고 종일 묵상하고 싶은 마음은 간절했으나, 막상 성경책을 덮으면 아무것도 떠오르지 않을 때가 너무 많았지요. 그런데 많은 말씀을 암송하고 보니 종일 말씀이 머리에서 떠나지 않아 얼마나 좋은지 몰라요. 새로 태어난 기분입니다."

암송을 우선순위로 하면서 말씀을 읽고, 배우고, 큐티를 병행하면 금상첨화입니다.

우리는 성경암송은 멀리해도 읽기는 비교적 좋아합니다. 성경을 읽으라는 권면도 많이 받지요. 그런데 성경 읽기에는 크게 두 가지 방법이 있습니다. 하나는 갈급한 심령으로 신선한 생수를 마시는 마음으로 읽는 것, 다른 하나는 읽기 위해서 읽는 것입니다.

후자에는 함정이 도사리고 있습니다. 겉으로는 읽되 속으로는 눈감고 지나가는 경우가 허다하지요. 눈은 성경에 머무르지만, 마음속엔 온갖 잡념이 떠다니는 겁니다. 이런 식으로 읽어서는 실천을 위한 묵상이 불가능하다고 해도 과언이 아닙니다. 말씀의 생활화는 더욱 요원하지요. 다시 말해서, 말씀을 고스란히 내 안에 모시고 살 수 있는 길은 암송 외에 없습니다.


## 100년 후를 내다보며 씨를 뿌려라

우리는 오늘 일에 눈이 어두워 내일 일은 생각조차 하기 싫어합니다. '황무지를 개간하여 비료를 주고 옥토를 만든 후에 씨를 뿌려서 대체 언제 열매를 얻지?' 하며 엄두를 내지 못합니다. 많은 사람이 하루살이처럼 쫓기며 바쁘게 사는 걸 보면 얼마나 마음이 아픈지요.

세상도 교회도 오늘의 평안에 취해서 내일의 꿈을 잃은 듯합니다. 더러 꿈을 말하는 사람들도 기껏해야 10년 뒤를 그릴 뿐, 30년, 50년, 100년을 바라보는 지도자가 보이지 않습니다. 발등에 붙은 불 끄기에 바빠 내일을 바라보지 못하는 것 같습니다. 젊은이들의 눈동자에 반짝이던 빛이 흐려지고 있습니다. 이 일을 어찌할까요.

저는 기독교 방송에서 여러 목사님의 설교를 자주 시청하는 편입니다. 어려운 경제 상황을 믿음으로 이기기 위해 대부분의 설교가 위로와 격려에 집중되어 있으며, 어른을 공경하고, 가난한 이웃을 도우며, 힘써 기도하고, 전도하고 선교하며, 서로 사랑하라는 말씀 일색입니다.

물론 목회자가 성도들을 위로하고 격려하는 것은 꼭 필요합니다. 또한 어른 공경과 불우이웃 구제와 기도와 전도와 선교와 사랑도 마땅히 강조되어야 하지요.

다만, 말씀의 생활화를 이루기 위한 구체적이며 실천적인 메시지나 후대의 신앙교육을 위한 메시지를 듣기가 너무 어렵다는 사실이 얼마나 안타까운지 모르겠습니다.

교육은 백년지대계(百年之大計)입니다. 10년, 20년의 노력만으로는 쉽게 이룰 수 없습니다. 이 땅에 기독교문화를 세워가기 위해서는 100년의 계획을 세워야 하지요. 우리의 꿈 '303비전'은 한 세대를 30년으로 잡아 3대에 이르는 100년의 계획입니다.

크리스천들이 말씀암송 태교로 자녀를 낳아 어려서부터 가정에서 말씀암송을 훈련시키고, 날마다 말씀암송 가정예배를 드리며, 교회에서는 암송 중심 교육으로 길러서 아이들에게 암송이 체질화되고 말씀이 생활화되면 이 사회가 어떻게 바뀔까요? 장차 가정과 교회를 넘어 학교와 직장과 사회가 온통 예수님을 닮은 사람들로 가득해질 것입니다. 세계에서 으뜸가는 기독교문화 민족이 될 것입니다.

나아가 303비전으로 양육된 선교사가 세계로 흩어져 각국의 어린이들을 303비전으로 키우면, 30년 후에는 그 나라에서 303비전 선교사가 배출될 것입니다. 그러는 동안에 세상은 그리스도의 말씀으로 새롭게 지음 받은 지상낙원을 이룰 것입니다.

303비전을 이뤄갈 역군들을 세대별로 구분하면 다음과 같습니다.


### 1. 303비전 개척세대

개척세대는 현재 하나님을 믿는 어른들로, 후대를 일깨울 지도자입니다. 개척세대는 중고생과 대학생 청년들을 가르쳐 그들을 303비전을 위한 창조적 소수의 정예부대로 길러내야 합니다.

우리 개척세대가 가정과 교회에서 어린이들에게 말씀암송을 부지런히 체계적으로 훈련하면 20, 30년 후에는 그들이 자기가 보고 배운 대로 계승하여 그들의 자녀를 양육할 것입니다.

일단 500절 이상의 말씀을 암송한 교역자와 개척세대는 303비전의 지도자가 될 수 있습니다. 하나님을 사랑하고 말씀을 사랑하는 지도자 한 사람으로 인해 303비전이 확산될 줄 믿습니다.

## 2. 303비전 제1세대

2000년-2030년에 태어나 개척세대의 영향을 많이 받고 자란 아이들을 일컬어 '303비전 제1세대'라 부릅니다. 이들에게 자아 정체성을 심어주는 마스터키는 말씀암송과 말씀암송 가정예배라고 믿습니다.

이를테면 "악은 어떤 모양이라도 버리라"(살전 5:22), "청년이 무엇으로 그의 행실을 깨끗하게 하리이까 주의 말씀만 지킬 따름이니이다 내가 전심으로 주를 찾았사오니 주의 계명에서 떠나지 말게 하소서 내가 주께 범죄하지 아니하려 하여 주의 말씀을 내 마음에 두었나이다"(시 119:9-11)라는 말씀을 암송하고 묵상하는 가운데 스스로 잘못된 행동을 자제하는 힘을 기르게 되지요.

김동호 목사님의 책에 보면, 어느 날 목사님의 중학생 아들이 담배한 개비를 입에 물고 만면에 미소를 머금으며 당당히 아버지, 어머니, 형이 있는 방으로 들어왔답니다. 부모님이 아이가 없어 놀란 눈으로 바라보는데, 아들이 빙그레 웃으며 넉살 좋게 "엄마, 어때요, 멋있지요?"라고 했답니다. 알고 보니, 그건 담배 모양의 껌이었습니다.

그때 고교생 형이 동생에게 "악은 어떤 모양이라도 버리라고 했잖니"하더랍니다. 이처럼 평소에 말씀을 암송한 아이들은 생각이 언제나 말씀에 기초하고 있음을 알 수 있지요.

한번은 TV에서 갑자기 내린 폭우로 지리산 계곡에 급물살이 범람하는 가운데, 계곡 저편에 갇힌 등산객들을 구제하는 장면이 나왔습니다. 구조대원들이 나서서 양쪽의 큰 소나무에 밧줄을 매놓고 그 줄을 붙들고 계곡물 위로 아슬아슬하게 건너가는 것을 보며 생각했습니다.

'아, 이 세대에 악의 물결이 저 계곡물처럼 무섭게 흘러내리고 있는데 우리 자녀들에게 말씀의 밧줄이 없다면 제아무리 헤엄에 자신 있다 한들 그 물결에 휩쓸려 떠내려가지 않을 자가 있을까?'

그러나 하나님을 믿는 우리가 하나님의 말씀으로 303비전 제1세대를 힘써 가르치면 어떠한 악한 세상에서도 그들은 능히 이겨나갈 수 있으리라 믿습니다. 그러려면 부모와 교회 지도자들이 모범을 보여 어려서부터 하나님의 말씀을 마음에 모시고 그 말씀대로 살려고 노력하는 훈련이 습관화되어, 말씀의 생활화와 생활의 말씀화가 몸에 배게 하는 길밖에 없다고 확신합니다.

303비전 제1세대는 눈 깜짝할 사이에 자라서 이 나라의 중추적 역할을 감당하고, 가정을 이루어 자녀를 낳아 기를 것입니다. 엄마 배 속부터 혹은 유아기나 유초등부 때부터 가정과 교회에서 말씀암송에 익숙해진 303비전 제1세대가 자신들의 자녀교육을 어떻게 할지는 불문가지(不問可知)의 사실입니다.

### 3. 303비전 제2세대

2031년-2060년 사이에 태어난 303비전 제1세대의 자녀들입니다. 303비전 제2세대는 1세대보다 더 바람직하게 자랄 수 있습니다. 다만, 점점 더 거세지는 시대적 훼방이 한가롭게 말씀암송에 열중할 여유를 주지 않을 것이며, 불경건한 환경의 유혹은 지금으로서는 짐작하기 어려울 지경에 이를 것입니다. 맑은 물을 더럽히기는 쉬우나 더러워진 물을 맑게 하려면 갑절의 노력이 필요합니다. 사람으로는 힘들지라도 하나님으로서는 다 하실 수 있는 일이라 믿습니다(마 19:26).

### 4. 303비전 제3세대

2061년-2100년 사이에 태어난 303비전 제2세대의 자녀들입니다. 이 땅에서 303비전 운동의 물결이 활발하게 이어져 적어도 몇 천, 몇 만 가정에서 303비전 제3세대가 자란다면, 주께서 참으로 크고 비밀한 일을 보여주실 것입니다. 그때가 되면 우리나라는 복음 강국이 되어있겠지요. 말씀의 생활화가 보편화되어 문화 수준이 높고 사랑이 풍성하며, 산업 경제가 활발한 이른바 신사의 나라가 될 것입니다. 사단의 궤계가 있으나 하나님의 보호하심으로 형통할 것입니다.

### 예수님의 참 제자, 303비전꿈나무

303비전 지도자 후보세대를 포함하여 제1세대를 위해 마련된 것이 '303비전꿈나무 모범생-으뜸모범생-장학생 제도'입니다. 303비전성경암송학교에서는 2007년 5월에 제1차 303비전꿈나무 모범생 92명과 으뜸모범생 14명, 총 106명의 어린이를 뽑았습니다.

국내외 어린이와 중학생 중에 소정의 말씀을 암송하는 꿈나무를 선발하여 《국민일보》 전면광고란에 아이들의 천연색 사진과 나이 및 교회, 담임목사, 부모명을 병기했지요. 만 7세부터 중학교 3학년까지 기본 암송 절수를 제시하여 그 말씀을 암송한 아이들에게 인증서를 주었습니다.

만 7세까지의 어린이가 유니게 과정 커리큘럼에 의한 성경 말씀 47절을 순서대로 암송하면 '모범생', 그 갑절 이상을 암송하면 '으뜸모범생' 자격을 줍니다. 으뜸모범생이 된 후 1년간 지속적으로 모범생 수칙을 지키면 '장학생'으로 선발해 소정의 장학금을 주어 꿈나무들의 말씀암송과 말씀암송 가정예배가 체질화되도록 도와주고 있습니다.

2007년 12월 27일에는 모범생 69명, 으뜸모범생 32명, 총 101명의 303비전꿈나무 제2차 선발식이 있었습니다. 그리고 2008년 5월에는 3차 모범생 23명, 으뜸모범생 33명, 장학생 9명, 12월에는 4차 모범생 40명, 으뜸모범생 43명, 장학생 20명을 선발했으며, 2009년 5월에는 5차 모범생 60명, 으뜸모범생 35명, 장학생 27명을 선발했습니다(이후 2023년 20차까지 선발함).

이처럼 해마다 두 차례의 선발식을 가지며, 303비전꿈나무 엄마들에게는 제가 쓴 '사랑의편지'를 매주 온라인과 오프라인으로 보내고 있습니다. 사랑의편지에는 말씀암송 교육과 암송 가정예배를 모범적으로 해온 엄마들의 살아있는 간증을 실어서 실질적인 도움을 주고 있지요. 암송학교가 끝난 후에도 가정과 교회에서 지속적으로 자녀에게 말씀을 암송케 하고, 말씀암송 가정예배를 날마다 드리도록 도와주려는 것입니다.

눈물을 흘리며 씨를 뿌리는 자는 기쁨으로 거두리로다 울며 씨를 뿌리러 나가
는 자는 반드시 기쁨으로 그 곡식 단을 가지고 돌아오리로다 시 126:5,6

씨를 뿌린다는 것은 그 씨가 땅속에서 싹이 터서 지면을 뚫고 나와 꽃을 피우고 열매를 맺어 영글면 이를 거두리라는 희망으로 심는 것입니다. 303비전은 분초를 다투는 디지털 시대에 걸맞지 않은 바보스럽고 미련한 꿈이기도 합니다. 그러나 303비전이야말로 하나님께서 기뻐하시는 꿈이며, 우리의 유일한 살길이라 확신합니다.

그동안 303비전장학회 신학생들에게 여러 가지를 설명하고 대화도 깊게 나눴습니다. 그럼에도 대부분은 이 비전에 공감하지 못하는 게 피부로 느껴졌지요. 그 후 '어떻게 하면 모두가 303비전에 쉽게 공감할 수 있을까?' 하는 것이 내게 주어진 큰 과제요, 기도제목이었습니다. 그러던 중에 주님이 지혜를 주셨지요.

3세대 100년까지 갈 것 없이, 앞으로 1세대 30년만 부지런히 달리면, 303비전의 첫 수확기를 맞게 되리라는 것입니다. 30년 안에 이 나라를 세계의 영적 지도국으로 삼아주시겠다는 미쁘신 하나님의 약속을 감지한 거지요. 중고생은 말할 것도 없고, 초등학생도 지금부터 열심히 가르치면 303비전 지도자로 키울 수 있습니다.

303비전은 100년 앞을 향한 꿈이 아니라, 30년 앞을 향한 꿈으로 단축되었습니다. 물론 30년, 60년, 100년간 지속될 것은 변함없는 사실입니다. 그러나 일단 개척세대의 책임 한계는 303비전 지도자 후보세

대와 1세대에 국한할 수 있습니다.

그러니 앞으로 30년만 우리 개척세대가 일사각오로 노력하면, 우리가 가르쳐 길러낸 303비전 1세대가 그들의 자녀인 303비전 2세대를 책임질 것입니다.

303비전 1세대인 하나님의 바람직한 사람들이 세계 각국에 선교사로 파송되면 그 나라와 민족 역시 303비전으로 그 자녀들을 키워서 30년, 60년, 100년 안에 선교지마다 놀라운 변화가 일어날 줄 믿습니다.

말씀암송 가정예배

PART

4

303비전성경암송학교에서는 예배의 본질을 살려서
설교 대신 온 가족이 이미 암송한 말씀을
함께 반복 암송하면서 하나님의 은혜에 감사하는
암송 가정예배를 드리도록 적극 권장합니다.
그리고 이렇게 하는 것이
올바른 가정예배 의식이라고 확신합니다.
이처럼 공 예배에서는 설교로, 가정예배에서는 말씀 읽기
혹은 말씀암송으로 하나님께 경배를 드린다면
성도들의 가정마다 온 식구가 모여 앉아
즐겁게 예배드릴 수 있을 것입니다.
또한 자녀가 예배를 인도하고,
찬송과 기도도 자녀 중심으로 드리게 하므로
자녀의 리더십도 자연스럽게 키울 수 있지요.
부모는 예배를 마칠 때 성경 말씀을 적용하여
자녀의 손을 잡고 축복기도를 드립니다.
이렇게 함으로써 자녀가 즐거워하는 경건한 가정예배를
날마다 드릴 수 있습니다.

## 가정예배의 고정관념 깨기

자녀를 굳건한 믿음 안에서 자라게 하기 위해서는 어려서부터 부모와 날마다 함께하는 가정예배가 큰 몫을 합니다. 그러나 많은 성도가 이 사실을 알고 있고 교회마다 가정예배를 강력히 권장해도 이를 실천하는 가정은 찾아보기 힘듭니다.

어른도 아이도 바쁜 세상이라 가족이 한자리에 모이기 어렵고, 예배 시간에 은혜롭게 설교할 자신이 없거나 이를 준비할 시간적 여유가 있는 어른(아버지, 어머니, 남편, 아내)이 거의 없다는 게 주요인일 것입니다.

또한 가정예배를 부모의 훈계 시간으로 여겨 부모의 설교 중심 가정예배에서 벗어나지 못하는 경우가 많습니다. 그나마 그렇게라도 일주일에 한두 번 가정예배를 드리다가 자녀가 10세 이상이 되면 각종 과외와 학원 스케줄로 바빠져 제외되고, 부모끼리 메마르고 형식적인 예배를 드리며 경건을 유지하려는 가정도 많이 봅니다.

그러나 가정예배는 날마다 즐거운 마음으로 경건히 드려야 합니다. 그러기 위해 지극히 성경적이면서 쉬운 길이 있습니다. 교회에서 드리는 예배와 달리 말씀을 풀어 설명하는 설교를 없애면 됩니다.

예배가 무엇입니까? 하나님을 경배하는 것입니다. 예배의 본질은 말씀과 찬송과 기도로 하나님을 높이는 거지요. 그러므로 가정예배에서는 설교 대신, 온 가족이 말씀을 사모하는 마음으로 함께 읽으면 됩니다. 더 바람직한 방법은 평소에 암송했던 말씀을 함께 암송하는 것입니다.

새로운 말씀과 이미 암송한 말씀을 반복하여 훈련하면서 어려운 말씀의 뜻을 풀어주고 적용점을 나누는 가운데, 부모와 자녀가 자연스럽게 대화하다 보면 부자간의 장벽이 사라지고, 가족 사랑도 주님 안에서 돈독해질 것입니다.

또한 남의 의견을 경청하는 훈련과 함께 자신의 의견을 차분히 간추려 발표하는 훈련을 쌓아가는 효과도 있습니다. 하나님의 말씀을 놓고 부모와 자녀가 함께 대화를 나눈다는 것이 얼마나 중요한 일인지 모릅니다.

자녀가 좋아하는 찬송 혹은 자녀를 위해 준비한 복음성가를 함께 소리 높여 부르고, 자녀가 돌아가며 부모님을 위해 기도하고, 형제자매와 할아버지, 할머니 혹은 일가친척을 위해 다 같이 기도한 후에 부모님이 성경 말씀을 적용하여 자녀에게 축복기도를 하고 주기도문으로 예배를 마치면 됩니다.

실제로 엄마들이 성경암송학교 유니게 과정에 등록하여 암송 훈련을 받기 시작하면, 가장 먼저 자녀들과 함께 말씀암송 가정예배를 드립니다. 그러면 한결같은 간증이 쏟아져 나옵니다.

가끔 엄마가 피곤해서 잠자리에 누우면, 자녀가 "엄마, 왜 오늘 예배 안 드려요?" 하면서 평소 예배드리던 장소에 가족들의 방석을 가져다 놓기도 하고, 가정예배를 싫어하던 자녀가 말씀암송 가정예배를 드린 후부터는 도리어 앞장서서 가정예배를 주도하는 일들이 일어나고 있습니다.

낡은 고정관념을 깨고 설교 대신 말씀을 읽거나 암송하는 가정예배로, 날마다 즐겁고 경건한 신행일치의 삶을 살기 원합니다. 여러 형편으로 그러지 못할 경우는 잠자리에 들기 전에 5분 예배라도 '날마다' 지속하길 바랍니다.

지금껏 나는 '신앙생활의 참맛은 새벽예배로부터'라는 말을 즐겨 써 왔습니다. 이와 더불어 '성도의 자녀교육은 말씀암송 가정예배로부터'라는 말도 강조하고 싶습니다.


## 가정예배의 새 패러다임

우리나라의 역사가 새로이 쓰이고 있습니다. 어른들이 모여서 무슨 결의문을 발표했다는 이야기가 아닙니다. 어느 학자가 새로운 논문을 발표했다는 말도 아닙니다. 지금, 이름 없는 한 그리스도인의 가정에서 어린아이들과 엄마 아빠가 하나님의 말씀을 암송하고 날마다 가정예배를 드리고 있습니다.

한 가정, 두 가정, 세 가정에서 이런 일이 진행되다가 열 가정, 스무 가정으로 조용히 번지고 있습니다. 어려서부터 하나님의 말씀을 먹고, 날마다 가정예배를 드리며 자란 아이들이 학계, 산업계, 문화계, 종교계, 정치계를 주름잡고 다스리는 세상이 올 것입니다. 이것이 바로 새 역사의 창조가 아니겠습니까!

그동안 엄마들에게 말씀암송 교육을 실시하며 과제로 받은 그들의 일기를 통해서 저는 몇 가지 새로운 사실을 발견했습니다.

첫째, 크리스천 엄마들이 하나님께서 기뻐하실 가정교육을 소망하면서도 어떻게 할지 몰라 애태우고 있었다는 것입니다. 그러던 중에 말씀암송과 말씀암송 가정예배를 하면서 '이제까지 찾던 게 바로 이것'이었다고 고백합니다.

둘째, 성경을 날마다 읽거나 큐티하는 것으로 족한 줄 알았는데 막상 말씀을 암송하고 암송예배를 드려보니, 이보다 좋은 가정교육이 없다는 걸 엄마들이 발견한 것입니다. 그들은 하나같이 이 체험을 기쁨에 찬 목소리로 간증합니다.

셋째, 온 가족이 말씀을 암송하고 암송예배를 드리는 중에 부부와 부자 관계, 개인의 신앙에 좋은 변화가 일어났다는 것입니다.

넷째, 자녀들이 돌아가며 가정예배의 사회를 맡으면서 기도하는 자세와 삶의 태도가 성숙해졌다는 것입니다.

어린이가 있는 가정은 반드시 어린이 중심의 말씀암송 가정예배를 드리는 것이 바람직합니다. 이제까지는 교회에서 만들어준 순서지에 따라 어른 중심의 가정예배를 드렸으나, 말씀암송 가정예배는 어린이 중심 예배로서 찬송도 기도도 암송도 어린이의 연령 수준에 따라 경건하면서도 즐겁게 드려야 합니다.

어느 날, 로마서 1장 1절 "예수 그리스도의 종 바울은 사도로 부르심을 받아 하나님의 복음을 위하여 택정함을 입었으니"라는 구절을 묵상하면서 나의 소명과 사명을 깨달았습니다.

"예수 그리스도의 종 여운학은 장로로 부르심을 받아 하나님의 복음을 전파하는 데 필요한 방법과 어려서부터 말씀을 암송하고 암송 가정예배를 체질화하는 방법을 개발하여 모든 성도에게 보급하는 사명을 입었으니."

부모들도 적용할 수 있습니다.

"예수 그리스도의 종 ○○○은 집사(또는 권사)로 부르심을 받아 하나님의 복음을 전파하는 일과 자녀와 함께 말씀을 암송하고 날마다 암송 가정예배를 드리는 사명을 입었으니."

## 실전! 말씀암송 가정예배

### 준비사항

- 자녀가 얼굴과 손발을 씻고, 깨끗한 잠옷으로 갈아입게 합니다.
- 자녀가 자신의 《303비전꿈나무 성경암송노트》를 가지고 정해진 자리에 앉게 합니다.
- 하나님 앞에 예배드린다는 경건한 마음가짐으로 바른 자세를 취하도록 훈련합니다.
- 형제자매 사이에 장난치거나 다투는 일이 없도록 하되, 딱딱하지 않은 부드러운 분위기를 조성합니다.
- 영유아기의 자녀라면 보다 융통성 있게 할 수 있습니다.

### 유의사항

- 자녀 중심의 예배이므로 사회는 5세 이상의 자녀가 맡되, 자녀가 둘 이상인 경우에는 돌아가며 맡도록 합니다.
- 자녀의 위계질서를 엄격히 세워서 동생은 형이나 언니에게 존댓말을 쓰고 순종하도록 훈련합니다. 형이나 언니는 동생을 사랑하며 양보하는 미덕을 발휘하도록 훈련합니다.
- 부모는 관찰자가 되어 예배를 드리는 동안 자녀들이 창의성을 마음껏 발휘하도록 합니다. 아이의 진행에 부족한 점이 보여도 나무라거나 잘못을 지적하기보다, 칭찬과 격려를 하며 '이렇게 하면 더 좋겠다'라

는 식으로 지혜를 일깨워 줍니다.

- 예배 중에 자녀들이 장난치거나 다투는 경우, 묵묵히 지켜보다가 예배를 마친 후에 각자 스스로 깨닫고 회개하도록 지혜롭게 교육합니다.

- 예배 중에 자녀가 질문하면 정답을 바로 알려주기보다, 먼저 좋은 질문이라고 칭찬한 후에 스스로 답을 생각해내도록 자연스럽게 유도합니다. 부모가 답을 모를 경우, 솔직하게 "아빠(엄마)도 잘 모르겠다. 목사님께 여쭤보고 알려줄게"라고 말해주고, 빠른 시일 내에 반드시 답을 알려줍니다.

- 자녀가 둘 이상인 경우, 한 명을 편애함으로 다른 자녀에게 상처를 주기 쉽고, 형제간에 경쟁의식이 생길 수 있습니다. 부모는 말 한마디, 표정 하나까지도 자녀에게 상처를 주지 않도록 주의해야 합니다.

- 어떤 주제를 놓고 대화를 나누다가 자녀들이 서로 자기 생각이 맞다고 우기거나, 상대방의 의견을 무시하며 흉을 봐서는 안 된다는 걸 강조합니다. 서로의 의견을 존중하면서 자기 생각을 조리 있게 말하도록 훈련해야 합니다. 이를테면 "오빠의 의견은 잘 들었는데, 내 생각은 조금 달라요"처럼, 상대의 의견을 감정적으로 반대하지 않고 존중하면서 자기 의견을 발표하도록 훈련시킵니다.

- 온 가족이 여행을 가거나 가정예배 시간에 외부에 있다면, 여행지에서 혹은 차 안에서 다 함께 찬송하고 암송하며 기도하는 시간을 갖습니다. 짧게라도 날마다 예배를 드리도록 합니다.

예배 순서

1. 〈303비전꿈나무송〉과 〈엄마와 함께 암송한 하나님 말씀을〉을 힘차고 빠른 템포로 신나게 부릅니다. 자녀들이 원하면 교회학교에서 배운 찬송도 함께 부릅니다.

2. 인도자가 개회 기도문을 읽거나 스스로 기도해도 좋습니다.

3. 다 같이 암송합니다. 암송 분량이 100절을 넘으면, 이틀에 걸쳐 암송합니다. 미처 암송하지 못한 사람은 해당 구절을 보고 읽어도 됩니다.

4. 오늘 암송한 말씀의 뜻이나 느낀 점을 나눕니다.

5. 서로를 위해 기도해줍니다. 자녀가 부모, 형제, 이웃, 교회, 나라를 위해 기도하도록 합니다.

6. 마무리로 부모님이 자녀를 위해 축복기도를 드립니다. 성경 말씀을 인용하여 기도하되, 자녀의 이름을 넣어서 기도하면 더욱 좋습니다(민 6:24-26 ; 창 12:2,3 ; 신명기 28:1-6 추천).


여호와는 _____에게 복을 주시고

_____를 지키시기를 원하며

여호와는 그의 얼굴을 _____에게 비추사

은혜 베푸시기를 원하며

여호와는 그 얼굴을 _____에게로 향하여 드사

평강 주시기를 원하노라 민 6:24-26

자녀를 키우다 보면 방학 동안 키가 부쩍 자라는 것을 발견합니다. 왜일까요? 아이들이 긴장을 풀고, 실컷 잠을 잘 수 있기에 성장세포가 활발해져 평소보다 더 잘 자라는 거지요.

또 갓난아기는 감기나 여러 가지 이유로 앓고 나면, 좀 야윈 것 같다가도 금세 회복하면서 쑥쑥 자라는 걸 봅니다. 왜 그럴까요? 아이가 열이 나거나 어디가 아파서 누우면, 엄마 아빠의 관심이 집중되고 부모의 말 한마디도 온화해집니다. 아이는 이를 민감하게 알아차려서 몸은 비록 고통스러워도 마음은 평안을 얻어 빠르게 회복하는 거지요.

어른이나 아이나 영적, 정신적으로 평안함을 느끼며 휴식을 취하면 몸의 세포조직이 활발하게 활동하여 건강해집니다. 특히 크리스천은 말씀을 즐거운 마음으로 암송하고 묵상하다 보면, 마음에 평화와 기쁨이 일어 컨디션이 좋아지게 마련입니다.

마음의 즐거움은 양약이라도 심령의 근심은 뼈를 마르게 하느니라 잠 17:22

엄마의 사랑, 기도, 지혜, 모범으로 함께 말씀을 암송하면서 날마다 즐거운 암송 가정예배를 드리면, 자녀의 기가 살아나고 믿음이 돈독해질 뿐 아니라 어른과 아이 모두 영육이 건강해집니다. 온 가족이 참 행복을 누리는 천국 가정을 이루게 되지요.

## 자녀의 입에서 나오는 말씀의 위력

예수님의 제자들은 어린이가 예수님에게 가까이 오는 것을 막으려 했으나, 예수님은 도리어 이 아이와 같지 아니하면 천국에 들어갈 수 없다고까지 말씀하셨습니다(마 19:13,14).

이처럼 엄마에게 배운 하나님의 말씀을 백퍼센트 받아들인 자녀의 예수님 사랑을 보고 도리어 엄마가 마음의 찔림을 받기도 하고, 위로와 격려를 얻기도 합니다. 아이들의 말씀암송은 위로와 힘이 필요한 이웃뿐 아니라 지쳐있는 부모에게 새로운 활력을 불어넣기도 하지요.

하나님의 말씀이 어린이의 뇌리에 입력되면 영적 파워가 생깁니다. 그래서 순종 훈련과 경건 훈련을 잘 받아들일 뿐만 아니라, 엄마와 교회 어른들의 칭찬과 격려에 힘입어 말씀암송에 놀라운 열심을 발휘하게 되지요.

내가 바둑을 좋아하여 취미로 두기 시작한 지 40년이 지났습니다. 그럼에도 정식으로 배우지 못했기에 동네 바둑 5급 실력에 머물러있습니다. TV를 보면, 초등학생이 평생을 둔 9단 프로기사를 예사로 이기곤 합니다. 그 아이는 정식으로 바둑 수업을 받은 것입니다.

마찬가지로, 정식으로 말씀암송 훈련을 받은 어린이와 대화해보면, 깜짝깜짝 놀랄 말을 예사롭게 하는 걸 봅니다. 어른도 미처 생각하지 못하는 격에 맞는 말씀을 자연스럽게 말하곤 하지요. 요한복음 14장 26절과 데살로니가전서 2장 13절 하반절처럼 보혜사 성령님의 역사이자 아이 안에 살아계신 말씀의 역사입니다.

이 말씀이 또한 너희 믿는 자 가운데에서 역사하느니라 살전 2:13

어린 자녀에게 훈계 백 마디를 하는 것보다 함께 암송했던 말씀 한 구절을 던져주기만 해도, 자녀는 성령의 감동으로 그 말씀을 받아들입니다. 그리하여 말과 행실이 달라지고 하던 놀이도 달라지지요.

## 엄마의 거울이 되는 자녀

너희는 내게 배우고 받고 듣고 본 바를 행하라 그리하면 평강의 하나님이 너희와 함께 계시리라 빌 4:9

바울의 이 말처럼 자녀교육은 부모님의 훈계로 이뤄지지 않습니다. '부모의 삶 자체가 최고의 교재'라는 말이 생각납니다. 부모가 말씀암송을 즐겨 하는 걸 보며 자란 자녀는 자연스럽게 말씀암송을 익히게 됩니다. 어려서부터 말씀암송의 습관을 익히면 평생 말씀의 사람이 되어 자신감, 겸손, 집중력, 감화력, 창의력, 자제력 있는 풍요로운 삶을 누릴 수 있습니다.

가정과 교회는 어린아이의 신앙교육과 성품 훈련에 최우선 순위를 두어야 할 것입니다. 부모가 말씀을 좇아 살며 자녀에게 모범을 보여야 할 것은 말할 것도 없지요. '어떻게 이 모든 조건을 다 갖추어 자녀를 키울 수 있을까' 싶을지도 모르나, 그럼에도 우리 부모 세대는 본을 보이며 자녀를 키워야 할 의무와 책임이 있습니다.

엄마는 자녀의 최초의 가정교사요, 최고의 멘토입니다. 엄마의 사랑은 하나님의 사랑을 가장 닮아있습니다. 이 존귀한 엄마들을 존경하고 사랑합니다. 그 수고와 헌신에 박수를 보냅니다. 다만, 안타까운 것은 수많은 크리스천 엄마들이 자녀를 어떻게 양육할지 몰라서 당황하고, 시행착오를 겪으며, 정도가 아닌 길에서 헤맨다는 것입니다.

다행스럽게도 하나님께서 303비전성경암송학교 유니게 과정을 서울과 지방에서 지속적으로 열게 하셔서 훈련받는 엄마들이 날로 늘어가고, 바람직한 자녀교육이 펼쳐지고 있습니다. 하나님의 특별한 은혜에 깊이 감사하며 이 귀한 사명을 다할 때까지 달려가겠습니다.


## 말씀암송 가정예배의 참맛

하나님을 가장 기쁘시게 하는 성도의 도리는 예배를 진정으로 드리는 것입니다. 교회에서 드리는 모든 경건한 공 예배를 주께서 기뻐하심은 말할 것도 없거니와 성도의 가정에서 날마다 온 가족이 한자리에 모여 드리는 가정예배를 주께서 참으로 기뻐하실 줄 믿습니다.

주님께서 303비전꿈나무들과 엄마, 아빠가 날마다 기쁨으로 드리는 암송 가정예배를 얼마나 오래도록 기다리셨을까요. 303비전성경암송학교 유니게 과정에서 훈련받은 엄마들이 시냇물을 찾은 사슴처럼 즐겨 드리기 시작한 말씀암송 가정예배의 참맛은 말로 형용할 길이 없을 만큼 달콤하답니다.

모든 교회는 가정예배를 강조합니다. 가정예배를 드리고 싶지 않은 성도는 없을 것입니다. 그럼에도 가정예배를 하루도 빼놓지 않고 드리는 가정은 극히 드뭅니다. 토요일 밤에 드리는 가정은 더러 있는 듯합니다.

그러한 현실을 잘 알면서도 교회는 가정예배 때 참고할 설교 말씀이 적힌 예배 순서지를 나눠줍니다. 성도들은 대부분 별생각 없이 공손히 받아와서는 꺼내 보지도 않지요.

가정예배를 드리기 어려운 이유를 생각해봤나요? 시시각각 변화 발전하는 사회에서 온 가족이 나름대로 분주하게 살기에 함께 모여 예배 드리기가 힘들다는 것, 예배를 사모하는 간절한 마음이 사라져간다는 것, 예배 때 말씀을 선포해야 할 가장인 아버지의 신앙심이 비교적 약하다는 것 등등 몇 가지 이유를 생각해볼 수 있습니다.

하지만 그중 가장 큰 부담으로 다가오는 것은 가정예배 때 설교가 있어야 한다는 고정관념 때문이 아닐까요. 말씀암송으로 가정예배를 드리면 이러한 부담감이 상당 부분 해소될 것입니다.

온 땅이여 여호와께 즐거운 찬송을 부를지어다 기쁨으로 여호와를 섬기며 노래하면서 그의 앞에 나아갈지어다 시 100:1,2

세상에는 어려운 일이 참 많습니다. 특히 우리 일상에서 이미 버릇이 되어버린 생각, 곧 고정관념을 바꾸기란 참으로 어렵지요. 신앙생활의 연륜이 쌓일수록 더더욱 절감하게 됩니다.

나는 그동안 가정예배의 중요성을 느껴 많은 성도의 실태를 살펴보았습니다. 가정예배를 강조하지 않는 교회는 없는데 이를 실천하는 가정은 드뭅니다. 왜 그럴까요? 가정예배를 드리는 데 많은 부담을 갖기 때문입니다. 가장 큰 걸림돌로 작용하는 것은 예배에 대한 고정관념입니다. 가정예배도 교회에서 드리는 공 예배처럼 드려야 한다는 굳어진 생각이 가장 큰 장애물이지요.

여기서 예배의 본질을 생각해보는 것이 중요할 텐데요, 예배란 하나님을 경배하는 의식입니다. 또한 성도가 감사와 즐거운 마음으로 하나님께 경건하게 경배드리는 것을 말하지요. 예배의 3대 요소는 찬양, 기도, 말씀입니다. 공 예배에서는 목사님이 성경 말씀을 성도가 이해할 수 있도록 풀어서 설교합니다. 따라서 가정예배에서도 가장이 설교해야 한다는 고정관념이 은연중에 박혀있지요.

이 때문에 밤늦게까지 일하는 가장은 날마다 자녀와 함께 가정예배를 드리기가 어려울 뿐 아니라 가정예배를 드리더라도 말씀으로 자녀를 훈계하므로 자녀들이 가정예배를 기피하게 만듭니다.

그렇기에 303비전성경암송학교에서는 예배의 본질을 살려서 설교 대신 온 가족이 이미 암송한 말씀을 함께 반복 암송하면서 하나님의 은혜에 감사하는 암송 가정예배를 드리도록 적극 권장합니다. 그리고 이렇게 하는 것이 올바른 가정예배 의식이라고 확신합니다. 이처럼 공 예배에서는 설교로, 가정예배에서는 말씀 읽기 혹은 말씀암송으로 하나님께 경배를 드린다면 성도들의 가정마다 온 식구가 모여 앉아 즐겁게 예배드릴 수 있을 것입니다.

또한 자녀가 예배를 인도하고, 찬송과 기도도 자녀 중심으로 드리게 하므로 자녀의 리더십도 자연스럽게 키울 수 있지요. 부모는 예배를 마칠 때 성경 말씀을 적용하여 자녀의 손을 잡고 축복기도를 드립니다. 이렇게 함으로써 자녀가 즐거워하는 경건한 가정예배를 날마다 드릴 수 있습니다.

우리는 흔히 교회교육과 가정교육을 '교훈'(teaching)을 주는 것으로 여기지만 바울은 '훈련'(training)의 측면에 무게를 둡니다. 즉 가르치기보다 반복 훈련으로 몸에 익도록 하는 거지요. 그런 의미에서 볼 때, 암송 훈련과 암송 가정예배는 참으로 효율적인 신앙교육입니다. 어려서부터 이를 반복해서 몸에 익히는 게 얼마나 중요한 일인지 모릅니다.


우리는 가정예배를 통해 행복을 누릴 수 있습니다. 행복의 여러 정의가 있겠지만, 신앙인의 참 행복은 주님 안에서 감사와 기쁨이 가득한 상태를 누리는 것 아닐까요.

우리 자녀는 행복하게 자랄 특권이 있고, 부모는 하나님께 선물로 받은 그분의 존귀한 자녀를 감사하게 여겨 기쁘고 즐겁게 양육할 사명이 있으며, 이 사명을 다할 때 하나님께서 주시는 행복을 누릴 수 있습니다. 하지만 자녀에게 말씀을 암송시키는 건 쉬운 일이 아니지요. 특히 10세가 넘은 자녀는 엄마 말에 순종하여 고분고분 말씀을 암송하기보다 이러저러한 핑계를 대며 피하게 마련입니다. 따라서 가급적 그 이전에 말씀암송을 시킬 것을 권합니다.

어려서부터 말씀암송을 훈련한 어린이들은 엄마의 말을 잘 듣고, 하나님과 예수님을 사랑하기에 하나님과 예수님이 기뻐하시지 않는 일은 하지 않으려고 애쓰는 태도를 보이니까요.

## 조용한 혁명

이 땅에 조용한 혁명이 일어나고 있습니다. 자녀 중심의 말씀암송 가정예배를 드리는 가정이 늘고 있지요. 자녀 중심의 가정예배란, 자녀가 돌아가며 사회를 맡고 자녀가 좋아하는 찬송을 부르며 자녀가 먼저 기도하고 엄마, 아빠는 맨 나중에 자녀를 위해 축복기도를 하는 예배를 가리킵니다.

물론 토요일이나 주일에 아빠가 설교하는 가정도 있습니다. 아침에 잠자리에서 일어나자마자 정해진 시간에 예배드리는 가정도 있으나 잠자리에 들기 전에 드리는 경우가 더 많은 것 같습니다.

어떤 형태든 가정예배는 즐거운 마음과 경건하고 진실된 자세로 드려야 합니다. 찬송 시간에 어린 자녀와 함께 손뼉을 치거나 율동도 하고, 자녀가 경건의 습관을 갖추도록 예배드리기 전에 얼굴과 손발을 깨끗이 씻게 하면 좋습니다. 이렇게 훈련된 자녀는 하나님을 사랑하고 경배하는 믿음을 갖게 되며 무슨 일이든지 기도로 시작하고 기도로 행하는 것이 체질화됩니다.

암송 가정예배를 지속하면 경건의 체질화를 이룰 수 있습니다. 설령 중고생 때까지 암송 교육과 암송 가정예배를 모르고 자랐다 해도, 늦었다는 생각이 드는 그때부터 남다른 각오로 새롭게 출발하면 불가능은 없을 것입니다.

기성세대 신앙인들은 이 같은 복을 누리지 못하고 자랐기에 부모 세대인 우리가 후대를 위해 개척자의 사명을 감당하자는 것이 303비전의 기본정신입니다.

다만, 우리 부모 세대는 자녀의 바람직한 양육을 위해 많은 것을 배워야 합니다. 아동발달심리와 교육상담심리 분야도 알아두면 매우 유익하지요. 그렇게 자녀를 가르치고, 성경 말씀을 암송 묵상하면서 자녀를 통해서도 새롭게 깨닫고, 부모 스스로도 시행착오를 겪으며 함께 성장해갑니다.

# 말씀암송과 교회교육

PART

5

교사가 모범을 보이면서 가르치지 않으면

지속할 수 없고, 지속하지 않으면

암송한 말씀마저도 잊어버리게 됩니다.

쉬운 일은 아니지만,

교사의 말씀암송은 선택이 아닌 필수입니다.

놀라운 사실은 교사가 먼저 암송을 하면,

본인의 믿음이 확고해지고

교사의 직분을 기쁨으로 감당하게 되어

아이들도 덩달아 열심히 암송하며

믿음이 쑥쑥 자라난다는 것입니다.

그러기 위해서는 먼저 교역자와 교사가

암송 교육법을 옳게 익혀야 합니다.

아무리 목적이 좋아도 방법이 잘못되면

교육이 제대로 이뤄질 수 없지요.

이제까지 흔히 하던 암송 방식은 너무도 잘못되어 있기에

암송법을 제대로 익히지 않으면

아이들을 바르게 교육하기 어렵습니다.

## 교회 부흥의 새바람, 말씀암송

정직하게 말해서 한국교회는 지금 대안 없는 낙망의 길을 걷고 있습니다. 교회학교에서 아이들의 수가 줄어드는 것도 심각한 문제지만 그보다 더 심각한 건 교육 내용과 방법이지요.

내가 섬기던 강북의 한 교회의 교육위원회에서 있었던 일입니다. 담당 전도사가 교회학교 학생 수가 줄어드는 이유를 말했습니다.

"첫째, 강남으로 이사하는 가정이 늘어감에 따라 부모는 본 교회로 출석하지만, 아이들은 가까운 교회에 나가기 때문입니다. 둘째, 주일에 학교 행사나 청소년 단체들의 행사가 많기 때문입니다. 셋째, 주말에 과외 수업을 많이 받고, 믿지 않는 부모들과 함께 여행을 떠나기 때문입니다. 넷째, 국가적으로 어린이의 수가 줄고 있기 때문입니다. 다섯째, 교회들이 많이 생겨나기 때문입니다. 그래서 아이들이 줄 수밖에 없습니다."

핑계 없는 무덤이 없다는 말처럼 그럴듯한 이유를 둘러댑니다. 사실 틀린 말이나 지어낸 말은 아닙니다. 그러나 아이들의 수가 줄어드는 건 더 큰 이유가 있다고 생각합니다.

교회가 아이들에게 아름다운 꿈을 심어주는데도 아이들의 수가 줄어들까요. 아이들이 성경암송의 꿀맛을 알고도 안 올까요. 교사가 진실과 사랑으로 아이들의 이름을 날마다 불러가며 기도하고, 사랑을 담은 문자 메시지를 자주 보내도 줄어들까요. 교사가 아이들의 학업 성적이 오르도록 지도해도 안 올까요. 교사들의 신앙생활은 어떤가요. 우리의 힘으로 어찌할 수 없는 외적인 원인을 핑계 삼기보다 내적인 원인을 찾아 그 대안을 세우는 데 힘을 기울여야 하지 않을까요.

이번에는 중고등부의 문제점을 요약해보겠습니다.

- 학교 수업과 학원 공부를 우선순위로 하는 부모
- 학교에서 성적 부진으로 느꼈던 소외감을 교회에서 해소하려는 학생들
- 구원의 감격을 잃은 채 모태신앙의 매너리즘에 빠진 학생들
- 이성과의 만남이 주요 관심사인 학생들
- 투철한 사명감 없이 마지못해 직분을 맡은 교사들
- 부교역자의 독선, 부장을 맡은 장로 혹은 집사의 아집

오늘날 사회 각처에서 그리스도의 향기를 나타내고 있는 신앙인들은 거의 모두 어린 시절에 교회에서 하나님의 말씀으로 자란 이들입니

다. 그중 대부분이 자신을 따뜻하게 감싸주고 용기를 북돋아 주던 선생님이나 전도사님, 목사님을 오래 기억합니다.

하나님 중심의 올곧은 목회로 성공을 거두고 있는 한 목사님은 유년부 시절에 그를 무릎에 앉혀놓고 격려해준 한 전도사님의 사랑으로 오늘의 자신이 있다고 고백합니다.

많은 목회자와 성도에게 좋은 영향을 주고 있는 한 목사님이 교회 중등부 시절에 자신이 회장으로 섬길 때의 일을 들려주었습니다. 한번은 종이쪽지에 기도문을 써 가서 예배 시간에 읽고 있었는데, 그만 쪽지가 바람에 날아갔다고 합니다. 그는 당황한 나머지 한참을 아무 말도 못 하다가 "기도 끝"이라고 얼버무리고는 도망치다시피 교회 밖으로 뛰쳐나왔습니다. 너무 창피해서 교회를 안 다닐 결심까지 했는데, 한 장로님이 다가와서 말했습니다.

"괜찮다. 우리 교회 아무개 장로님도 학생 때는 그랬단다."

장로님의 따뜻한 위로 덕분에 그는 오늘날 목사가 될 수 있었다고 간증합니다.

또 부산에서 교회 부흥의 새바람을 일으키고 있는 한 목사님의 이야기입니다. 그는 어려서부터 암송 대회에 나갈 때마다 1등을 하고 성경암송을 즐겼다고 합니다. 그런데 돌이켜보면, 그때 받은 은혜가 참으로 컸으며 그때 암송한 말씀들이 삶의 어려운 순간마다 자신을 지탱해 주었음을 깨달았다고 합니다. 그래서 자신도 다시 성경암송에 힘쓸 뿐 아니라 교회의 어머니들과 어린이들도 성경암송에 전력투구하도록 이끌겠다고 다짐했습니다. 이처럼 어릴 적 교회학교의 교육이 성도의 삶에 큰 영향을 줍니다. 그런데 오늘날 대부분의 교회교육이 어떻게 실시되고 있나요?

지극한 사랑과 기도와 열심과 인내가 없으면 아이들을 지도하기가 힘듭니다. 오늘날 아이들은 순수함이 사라지고 TV나 인터넷, 불건전한 환경과 또래 친구들을 통해서 알아서는 안 될 것까지 다 알고 있습니다. 외동으로 태어나 유아독존 격으로 자라서 예의도 모르고 자기중심적인 이기심만 가득하여 어린이답지 않은 어린이가 얼마나 많은지요.

그래도 교회에 잘 나오는 아이들은 신앙생활을 하는 가정에서 자라 비교적 순박한 편이지만, 염려스러운 점이 한둘이 아닙니다. 좋은 것은 본받기 어려워도 나쁜 것은 암세포 번지듯이 눈 깜짝할 사이에 어린이들에게 전염되니 얼마나 안타까운지요.

오늘날 교회학교는 아이들이 교사와 만나는 시간이 길지 않을뿐더러, 주중에 교사와 인격적으로 만날 기회마저도 점점 사라지고 있으니 정말 아쉽습니다.


### 말씀의 능력을 체험하는 교회교육

나는 일찍이 1992년에 교회 초등부 부장으로 섬긴 바 있습니다. 먼저 초등부 교사들이 주일 아침 8시에 모여 한 시간 동안 뜨겁게 기도회를 가진 다음, 9시부터 초등부 예배를 드리게 했고, 월별 암송 목표를 세워 교사와 어린이 모두에게 성경암송 과제를 내주었습니다. 그 목표에 따라서 첫 달인 1월에는 4주 동안 고린도전서 13장 전체를 암송하게 했지요.

대부분의 교사가 협조했지만 적극적이지 못한 반도 있었고, 어떤 교사는 아예 암송을 하지 않았습니다. 하지만 강제로 시키고 싶지는 않았습니다. 앞서가는 반이 모범을 보이면 다들 차츰 잘 따라오리라 믿었지요. 그러나 1월 마지막 주일에 점검해보니, 13절 중에서 8절까지도 제대로 외우는 반이 없었습니다.

그래서 시간을 늦춰 2월 말까지 다시 암송하도록 했지요. 그러자 2월 마지막 주일 저녁예배 때 초등부 교사와 어린이들 모두가 전 교인 앞에서 한목소리로 고린도전서 13장 전체를 막힘없이 암송했습니다. 우리는 감격 어린 박수를 받았지요.

한 집사님이 내게 이렇게 말해주었습니다.

"장로님, 고린도전서 13장을 집에서 온 가족이 함께 암송한 덕분에 아이가 많이 착해졌어요. 어느 날 아이가 신경질을 부리기에 제가 웃으면서 '사랑은 성내지 아니하며'라고 했지요. 그랬더니 열없는 표정으로 '엄마, 안 그럴게' 하지 않겠어요? 정말 감사합니다."

그 엄마의 행복해하는 표정을 보며 생각했습니다.

'그래, 자녀교육은 오직 성경암송으로 시작해야 한다. 하나님의 말씀을 부모나 교사의 입으로 가르쳐주고 주입하는 게 아니라, 말씀 그대로를 스스로 암송하게 하면 그 말씀이 아이를 말씀대로 살도록 이끄

신다. 이것이 요한복음 14장 26절에서 말씀하신 성령의 역사가 아니겠는가!'

> 보혜사 곧 아버지께서 내 이름으로 보내실 성령 그가 너희에게 모든 것을 가르치고 내가 너희에게 말한 모든 것을 생각나게 하리라 요 14:26

또 한 장로님이 내게 말했습니다.

"예전부터 물어본다는 게 오늘에 이르렀네요. 어떻게 가르치셨기에 제 아이가 이렇게 착해졌는지 궁금했습니다."

그 장로님의 딸은 초등부 학생인데 어느 날부턴가 집에 들어오면 현관에 놓인 신발을 정돈해놓더랍니다. 그리고 자기 방도 깨끗이 청소하고 엄마의 부엌일도 거들 뿐 아니라 얼굴에 미소가 가득한 아주 딴 아이로 변했다는 것입니다.

우리는 그저 아이에게 성경암송을 시키면서 '하나님을 믿고 말씀대로 지켜 행하면 하나님께서 기뻐하신다'라는 사실을 가르쳐주었을 뿐인데, 아이가 말씀대로 살기 위해 노력하기 시작한 거지요.

어린이라도 하나님의 말씀으로 설득력 있게 잘 지도하면, 암송하면서 깨달은 말씀이 어린이의 심령에 역사하여 그 삶에 놀라운 변화를 일으킵니다.

> 이러므로 우리가 하나님께 끊임없이 감사함은 너희가 우리에게 들은 바 하나

님의 말씀을 받을 때에 사람의 말로 받지 아니하고 하나님의 말씀으로 받음이

니 진실로 그러하도다 이 말씀이 또한 너희 믿는 자 가운데에서 역사하느니라

살전 2:13

그런즉 누구든지 그리스도 안에 있으면 새로운 피조물이라 이전 것은 지나갔

으니 보라 새것이 되었도다 고후 5:17

## 암송 우선순위

화석화된 관념처럼 무서운 것은 없습니다. '공과를 잘 가르치기만 하면 교회교육이 끝난다'라는 안이한 생각을 버려야 합니다. 교회교육에 공과 공부가 필요 없다는 게 아니라, 공과 공부가 교회교육의 전부여서는 안 된다는 거지요.

교회교육이 'Teaching'에서 'Training'으로 바뀌어야 합니다. 교사가 일방적으로 학생을 가르치는 것에서 아이들이 성경을 암송하도록 훈련하는 방향으로 변화해야 하지요. 곧 성경암송이 교회교육의 우선순위가 되어야 합니다.

하나님은 사람이 어릴 때 만물의 이름을 기억할 수 있도록 비상한 기억력을 주셨습니다. 어릴 때 외운 것은 쉽게 잊히지 않게 하셨지요. 그래서 아이에게 성경을 재미있게 암송시키면 어른보다 훨씬 더 암송을 잘합니다. 지도자들의 무관심과 부주의로 어린이에게 성경암송을 시키

지 않는 것은 그 아이의 앞길을 막는 일이며, 하나님께 죄짓는 것과 같습니다.

교회학교에서 지혜롭게 성경암송을 시키면서 칭찬하고 상도 주면, 아이들은 자신감과 집중력을 얻어 암송도 잘하고 암송 시간을 기다리게 됩니다. 그런데 실제로는 교사의 잘못된 고정관념 때문에 아이들이 성경 말씀을 멀리하며 교회학교에 흥미를 잃은 나머지 세상 물결에 휩쓸리곤 하지요. 아이들의 왕성한 기억력을 살리지 못하고 하나님의 말씀을 암송할 기회를 저버리는 현실이 참 안타깝습니다.

중고등부 학생들에게는 성경암송 교육이 절대적으로 필요합니다. 유혹이 많은 세상에서 사춘기를 건강하게 이겨내려면 오직 말씀을 붙잡는 것밖에 다른 방법이 없기 때문입니다. 성적, 진학 문제, 성적 욕구, 이성 문제, 부모나 형제와의 갈등 등 삶의 모든 문제를 말씀 없이 해결한다는 건 실로 불가능하지요. 오직 하나님의 말씀을 내 안에 모시고, 그 말씀에 의지하는 길밖에는 다른 방법이 없습니다.

> 청년이 무엇으로 그의 행실을 깨끗하게 하리이까 주의 말씀만 지킬 따름이니이다 … 내가 주께 범죄하지 아니하려 하여 주의 말씀을 내 마음에 두었나이다
> 시 119:9,11

암송 교육을 교과 교육처럼 한 번 가르치고 지나가면 된다고 생각하는 사람들이 있습니다. 무의식중에 교과를 가르치듯이 이번 주에는 이

말씀을, 다음 주에는 다른 말씀을 암송 과제로 내주면 된다고 생각하기 쉽지요.

그러나 교회에서 암송을 숙제로 내주기 전에 암송 훈련을 재미있게 해야 합니다. 또한 한 번 암송한 말씀은 주기도문처럼 반복해서 외우게 해야 하는데, 교회에서는 이것을 시간 낭비로만 여길 뿐 그 필요성을 모르는 것 같습니다.

내 경험으로는 5,6절이나 10여 절을 암송 목표로 내걸고, 여러 주에 걸쳐 다 함께 반복하여 암송하는 것이 효과적입니다. 그런데 대부분의 교회는 한 주에 1,2절씩 외웁니다. 교사가 암송 경험이 없기 때문이지요. 그렇게 해서 성공하는 사례를 별로 보지 못했는데도 많이들 그런 방식으로 합니다.

성경암송을 제대로 가르치는 길이 있습니다. 바로 '하니비 암송법'을 활용하면 됩니다. 이 암송법이면 아무리 긴 요절도 단 몇 분 만에 외울 수 있습니다.


### 큐티하면 암송을 안 해도 된다?

큐티는 신앙생활에 꼭 필요한, 하나님과 만나는 시간입니다. 말씀을 읽고, 이해하고, 삶에 적용하며, 묵상하는 귀한 시간이지요. 날마다 정한 시간에 하는 큐티는 성화(聖化)의 필수조건이기도 합니다.

그런데 문제는 성경암송을 하지 않고 큐티만 하는 데 있습니다. 암송 없이 큐티만 하다 보면 타성에 젖을 수밖에 없기 때문이지요. 암송을 우선시하면서 말씀을 읽고, 배우고, 큐티를 이어가면 금상첨화일 겁니다. 사람들은 성경 말씀을 한 번 암송하면 그 후로 반복하여 암송하지 않아도 자신이 기억하고 있을 줄 압니다. 그러나 아무리 뛰어나도 반복 훈련이 없으면 잊어버리게 되어있습니다.

어떤 분야든지 한 가지 일을 꾸준히 지속하지 않고 성공하기는 어렵습니다. 매사에 '지속'이 성공의 관건이지만 특히나 성경암송은 지속하는 것이 가장 중요하지요. 그러니 교회학교에서도 말씀을 한 번 외우는 데 그치지 말고, 오래오래 반복하여 암송하는 훈련을 해야 합니다.

사람들은 대개 과거에 습관적으로 해오던 것을 돌아보지 않고 그대로 답습합니다. 마음을 열고 자신의 생각을 재조명하여 더 나은 방법을 찾는 사람, 곧 도전 정신과 개척 정신이 있는 교사에게 주께서 늘 새로운 아이디어를 주실 것입니다.


## 교사의 우선순위, 303비전

신실한 믿음을 가진 부모님 슬하에서 자라는 것은 큰 복입니다. 꿈이 있는 목회자 밑에서 신앙생활을 하는 것 역시 큰 복이지요. 사랑과 꿈을 가진 교사를 만나는 것도 어린이의 큰 복입니다. 그렇다면 교회학교 교사의 우선순위는 어떠해야 할까요?

## 성경암송과 묵상에 힘쓴다

바울의 옥중서신인 빌립보서 4장 9절의 개역개정 성경과 NIV 영어성경을 대조해봅시다.

너희는 내게 배우고 받고 듣고 본 바를 행하라

Whatever you have learned or received or heard from me, or seen in me – put it into practice [나한테 배운 대로, 나한테 받은 (사랑)대로, 나한테 들은 대로, 나한테서 본 대로 행하라].

교사는 제자들을 향해 이런 말을 할 수 있어야 합니다. 교사가 다른 것보다 성경암송 교육을 우선시하기로 했다면, 아이들의 본이 되기 위해 먼저 말씀을 사모하고 열심히 암송하며 수시로 묵상하고, 나아가 말씀대로 사는 생활을 몸에 익혀야 할 것입니다.

## 303비전을 아이들에게 심어준다

오늘날 중고생들의 눈동자가 흐려지고 있습니다. 왜일까요? 그들에게 참되고 놀라운 꿈을 심어주지 못했기 때문입니다.

303비전은 성경을 읽고, 찬송을 듣고, 무엇보다 성경암송 태교를 하여 낳은 아이에게 암송을 체질화시켜서 그를 말씀 묵상과 적용이 생활화된 참 그리스도인으로 길러내는 꿈입니다. 30년을 한 세대로 보고 3대만 노력하면 우리나라는 세계를 선도하는 기독교문화 강국, 기독교문화 민족이 될 것입니다. 이 시대 청소년 모두가 303비전의 꿈을 품고 성경암송에 정진한다면, 30년 후에는 303비전 목회자, 303비전 선교사, 303비전 학자, 정치가, 예술가, 작가, 사업가가 되어 세계를 변화시키는 주인공이 될 것입니다. 교사는 이들을 길러낼 '303비전 메이커'로 그 사명이 막중하지요. 303비전은 우리 민족에게 주신 하나님의 지상명령이기도 합니다. 로마서 1장 1절 말씀에 이 비전을 적용해봅니다.

> 예수 그리스도의 종 바울은 사도로 부르심을 받아 하나님의 복음을 위하여 택정함을 입었으니

> 예수 그리스도의 종 우리는 교사로 부르심을 받아 303비전 교육을 위하여 택정함을 입었으니

교회학교의 부흥을 원하십니까? 오직 303비전을 우선순위에 둘 때 가능합니다. 이 길밖에 다른 길은 없다고 단언할 수 있습니다. 나는 어린이들을 303비전 보이즈(boys)와 걸즈(girls)로, 중고등부 학생들을 303비전 지도자 후보생으로 길러내길 원합니다.

> 구하라 그리하면 너희에게 주실 것이요 찾으라 그리하면 찾아낼 것이요 문을 두드리라 그리하면 너희에게 열릴 것이니 구하는 이마다 받을 것이요 찾는 이는 찾아낼 것이요 두드리는 이에게는 열릴 것이니라 마 7:7,8

## 즐겁게 암송할 방법을 모색한다

교회교육은 성경암송을 우선순위로 하여 단순화하는 것이 바람직합니다. 교회학교에서 기본 암송 요절을 정해 외우게 한다면 자녀들이 보다 경건하고 슬기롭고 정직하게 자라날 줄 믿습니다.

다만 유의할 점은, 성경암송을 억지로 하는 게 아니라 즐겁게 할 수 있는 방법을 모색해야 합니다. 그리고 한 번 암송한 말씀은 주기도문처럼 수시로 반복하여 뇌리에 각인되도록 해야 하지요.

'유치원생에게까지 성경 말씀을 암송하게 하는 건 무리 아니냐'라고 할 수 있습니다. 그러나 그건 어른들의 괜한 걱정에 지나지 않습니다. '뜻도 모른 채 암송해서 무슨 유익이 있냐'라고 물을 수도 있을 겁니다. 그럴듯한 생각 같지만, 실상은 전혀 그렇지 않습니다. 비록 어른처럼 깊은 뜻은 모른다 해도 하나님을 경외하는 마음이 깊이 뿌리내리게 됩니다. 나아가 성령의 역사로 착하고 지혜로운 아이로 자라나지요.

그런데 교역자나 교사가 교회학교 아이들에게 성경암송 교육을 시키려 해도, 자신들이 그 교육을 받지 않았기에 쉽지 않을 것입니다. 그러므로 먼저 교역자와 교사 스스로가 성경암송을 체질화하는 장치를 둘 필요가 있습니다.

나는 2005년 10월 10일부터 '교사아카데미'를 열어 12주(1, 2단계)에 걸쳐 교역자와 교사에게 성경 말씀 200절을 암송시켰습니다. 만약 더 많이 암송하길 원하는 교사가 있다면 3, 4, 5단계까지 훈련할 수 있습니다. 이슬비장학회에서는 장학생들에게 2년 동안 750절을 암송시켜 왔으며, 1,000절까지 암송시키는 것을 목표로 하고 있습니다.

　많은 목회자가 교회교육이 이대로 가서는 안 된다고 입을 모으면서도, 대안을 말하지 못합니다. 혹여 대안이 있더라도 성경암송 교육이 아니면 바람직한 대안이 될 수 없지요. 성경암송 교육이야말로 영원불변할 기독교 교육의 본질이기 때문입니다.


### 꾸준히, 지혜롭게, 즐겁게

　교사가 모범을 보이면서 가르치지 않으면 지속할 수 없고, 지속하지 않으면 암송한 말씀마저도 잊어버리게 됩니다. 쉬운 일은 아니지만, 교사의 말씀암송은 선택이 아닌 필수입니다.

　놀라운 사실은 교사가 먼저 암송을 하면, 본인의 믿음이 확고해지고 교사의 직분을 기쁨으로 감당하게 되어 아이들도 덩달아 열심히 암송하며 믿음이 쑥쑥 자라난다는 것입니다.

　그러기 위해서는 먼저 교역자와 교사가 암송 교육법을 옳게 익혀야 합니다. 아무리 목적이 좋아도 방법이 잘못되면 교육이 제대로 이뤄질 수 없지요. 이제까지 흔히 하던 암송 방식은 너무도 잘못되어 있기에 암송법을 제대로 익히지 않으면 아이들을 바르게 교육하기 어렵습니다.

　암송 훈련은 오직 꾸준히, 지혜롭게, 즐겁게 시켜야 합니다. 많은 경우, 아이들이 잘 따라 하는 기색이 보이면 욕심이 나서 무리한 분량을 목표로 세우곤 합니다. 결과는 불문가지, 거북이와 토끼 우화처럼 착실하게 지속하는 자만이 승리합니다.

또한 교사는 학부모와의 관계가 긴밀해야 합니다. 교회에서 아무리 잘 가르쳐도 가정에서 말씀암송과는 전혀 무관한 생활을 하는 어린이는 갈등도 많이 겪게 되거니와 암송을 지속하기가 어렵습니다.

믿음이 없는 가정은 어쩔 수 없지만, 믿는 가정조차 교회학교 교사와 소통하지 않는 경우가 많습니다. 하지만 교사는 교회적으로나 개인적으로 학부모들과 협력할 기회를 만드는 게 좋습니다. 특별히 젊은 집사인 학부모들이 말씀암송 훈련을 받도록 하면 더욱 좋겠지요.

칼럼

PART

6

# 신비롭고 오묘한 천국의 기쁨

◇◇◇

누군가 "당신은 냉수의 맛을 표현할 수 있겠소?"라고 묻는다면 아무리 세계적인 대문호 셰익스피어라 할지라도 이렇게 대답했을 것입니다.

"냉수의 맛을 알고 싶다면, 직접 마셔보라. 그러면 알게 되리라."

냉수의 맛을 말로 표현할 작가는 아무도 없습니다. 꼭 알고 싶다면 직접 맛보는 게 상책이지요. 시편 기자는 성경의 맛을 꿀보다 더 달다고 표현했습니다.

주의 말씀의 맛이 내게 어찌 그리 단지요 내 입에 꿀보다 더 다니이다 시 119:103

그러나 말씀의 참맛도 직접 먹어보지 않고는 알 수가 없습니다. 말씀을 먹는다는 것은 말씀을 암송하고 즐겨 묵상하는 것입니다. 그때 느끼는 참맛이 어찌 꿀의 단맛에 비할 수 있을까요! 나는 '신비롭고 오묘한 천국의 기쁨'이라는 표현을 쓰고 싶습니다.

이런 천국의 기쁨을 누려온 지 어언 마흔 해가 되었습니다. 그러다 보니 "당신의 취미는 무엇인가요?"라고 물어오면, 나는 주저하지 않고 "사모하는 말씀을 암송하고 이를 수시로 묵상하는 것"이라고 대답하

게 됩니다. 히브리어로 '묵상하다'는 '작은 소리로 읊조리다'라는 뜻이
지요.

> 내가 주의 법을 어찌 그리 사랑하는지요 내가 그것을 종일 작은 소리로 읊조
> 리나이다 시 119:97

그동안 나는 나름의 고민거리를 안고 살 수밖에 없었습니다. 마땅
히 기도해야 할 시간인 줄 알면서도 말씀을 암송하고 묵상하느라 기도
시간이 많이 짧아진 거지요.

그래서 스스로 달래기를 '하나님의 말씀을 사모하는 마음으로 내 안
에 모셔 들이는 작업인 암송과 그 말씀을 반복하여 읊조리며 아버지
하나님의 품에 안겨 사느라 기도 시간이 조금 줄어든다고 한들 중심을
보시는 하나님께서 긍휼히 여겨주시지 않으랴' 하면서도 늘 마음에 걸
렸습니다. 그런 내게 주께서 눈과 영이 번쩍 뜨이게 하는 말씀으로 위
로해주셨지요.

> 이와 같이 성령도 우리의 연약함을 도우시나니 우리는 마땅히 기도할 바를 알
> 지 못하나 오직 성령이 말할 수 없는 탄식으로 우리를 위하여 친히 간구하시
> 느니라 롬 8:26

'아, 그동안 성령께서 말할 수 없는 탄식을 하시며 나를 위해 친히 간구해주셨구나.'

그리고 더욱 큰 위로의 말씀을 주셨습니다.

마음을 살피시는 이가 성령의 생각을 아시나니 이는 성령이 하나님의 뜻대로 성도를 위하여 간구하심이니라 롬 8:27

죄성을 가진 내가 백 번 드리는 기도보다 성령께서 나를 대신하여 하나님 뜻에 합당한 기도를 끊임없이 해주셨다는 것을 생각하니, 천근만근의 짐을 벗어 던지고 독수리가 날개 치며 올라감 같은 시원한 기쁨을 얻을 수 있었습니다.

성령님이 나를 위해 하나님의 뜻대로 기도해주신다는 말씀은 내가 성도로서 믿음과 말씀 사랑의 삶을 살기 위해 온 정성을 다해야 한다는 것으로 받아들여져서 더욱 두렵고 떨림으로 주님의 말씀에 순종하리라 다짐하게 되었지요.

성도는 마땅히 하나님께 늘 기도해야 합니다. 그리고 하나님의 말씀을 사모하는 마음으로 암송과 묵상하는 삶이 기본이 되어야 할 것입니다. 말씀의 생활화, 생활의 말씀화를 이루는 성도는 복이 있습니다.

마지막 날, 주께서 부르시는 순간에 나는 말씀을 조용히 읊조리며 그분의 품에 안기고 싶습니다.

# 순종하는 자의 복

◇◇◇

    사모하는 마음과 열심을 다해 하나님의 말씀을 암송 묵상하는 기쁨을 무엇에 비할 수 있을까요. 인간으로서는 도저히 헤아릴 길이 없는 하나님의 창조와 섭리의 비밀을 말씀을 통해 묵상하는 것은 참으로 두렵고 감사한 일입니다.

    나는 유독 로마서를 좋아해서, 날마다 묵상하며 하나님의 사랑과 성령님의 역사하심에 감격합니다.

> 깊도다 하나님의 지혜와 지식의 풍성함이여, 그의 판단은 헤아리지 못할 것이며 그의 길은 찾지 못할 것이로다 누가 주의 마음을 알았느냐 누가 그의 모사가 되었느냐 누가 주께 먼저 드려서 갚으심을 받겠느냐 롬 11:33-35

    바울 사도는 세상 학문과 하나님의 예언의 말씀(구약성경)에 해박했고, 영적으로는 예수님의 음성을 직접 들으며 삼층천까지 다녀온 사람이었습니다. 위 말씀은 바로 그가 하나님의 오묘하신 섭리를 노래한 시입니다. 나는 옷깃을 가다듬고 이 말씀을 묵상합니다.

    33절인 "깊도다 하나님의 지혜와 지식의 풍성함이여, 그의 판단은 헤아리지 못할 것이며 그의 길은 찾지 못할 것이로다"를 묵상하면 할수록 고개가 절로 숙어집니다. 성경을 읽으며 말씀이 잘 믿어지지 않을 때마다 "하나님의 지혜와 지식의 풍성함이여!"를 되뇌면서 '네가 감히 하나님께서 하신 일을 어찌 믿어지지 않는다고 말할 수 있느냐? 전지 전능하시며 하고자 하는 일을 행하시는 하나님이 아니시더냐' 하고 마음을 다잡습니다.

34절, "누가 주의 마음을 알았느냐 누가 그의 모사(謀士)가 되었느냐"를 묵상하면 할수록 하나님의 섭리를 깊이 신뢰하게 됩니다. 또한 '철부지인 네가 무엇을 안다고 하나님의 뜻을 운운할 수 있단 말이냐?'라는 주님의 엄위하신 음성이 들리는 듯합니다.

특히 35절, "누가 주께 먼저 드려서 갚으심을 받겠느냐"에 이르러서는 일찍이 크게 깨달은 바가 있습니다. 사람이 누리는 형통은 하나님께 먼저 드린 헌신에 대한 보상이 아니라, 값없이 받은 하나님의 은혜의 선물이라는 거지요.

분명히 35절은 사람이 먼저 드려서 하나님의 갚으심을 받는 게 아니라고 하십니다. 하나님께서 우리에게 복을 주시기 위해 그 복 받는 길을 오직 성경을 통해 미리 제시하신 것입니다. 그럼에도 많은 사람이 하나님의 말씀에 순종하지 않는 가운데, 어쩌다가 한 사람이 순종했을 때 하나님께서는 이를 크게 기뻐하사 미리 성경에 약속하신 대로 복을 주신다는 것을 깨달았습니다. 이 진리를 묵상 중에 깨닫게 하심이 어찌나 감사하던지요.

어느 날, 평소에 가까이 지내던 한 분이 좋은 뜻으로 내게 격려의 말을 건넸습니다.

"장로님은 기도를 많이 하셔서 그런 귀한 복을 받으시는 줄 압니다."

나는 그에게 고마운 마음을 표하면서 말했습니다.

"혹시라도 제가 남다른 복을 받는 일이 있다면 제가 복 받을 짓을 해서 그 상급으로 받는 것이 아닙니다. 중심을 보시는 하나님께서 당신의 말씀에 순종하려고 나름대로 발버둥 치는 저를 불쌍히 여기사 성경에서 순종자에게 약속하신 복을 내려주시는 것이라고 믿어요."

나는 로마서 11장 35절 말씀과 함께 여호수아에게 하신 하나님의 약속의 말씀도 즐겨 묵상합니다.

이 율법책을 네 입에서 떠나지 말게 하며 주야로 그것을 묵상하여 그 안에 기록된 대로 다 지켜 행하라 그리하면 네 길이 평탄하게 될 것이며 네가 형통하리라 수 1:8

같은 맥락에서 이사야서 1장 18-20절 말씀에서도 순종하는 자가 받는 복을 묵상합니다.

여호와께서 말씀하시되 오라 우리가 서로 변론하자 너희의 죄가 주홍 같을지라도 눈과 같이 희어질 것이요 진홍같이 붉을지라도 양털같이 희게 되리라 너희가 즐겨 순종하면 땅의 아름다운 소산을 먹을 것이요 너희가 거절하여 배반

하면 칼에 삼켜지리라 여호와의 입의 말씀이니라

많은 사람이 복 받는 비결을 알고 싶어 하면서도, 하나님의 말씀에 순종하는 것은 부담스럽게 여기는 것 같습니다.

"누가 주께 먼저 드려서 갚으심을 받겠느냐?"

하나님은 당신의 말씀에 즐겨 순종하는 사람을 찾고 계십니다. 그 한 사람을 발견하시면, 비록 그에게 여러 가지 부족한 점이 많아도 허물하지 않으시고 복에 복을 쏟아부어 주십니다.

# 21세기 요게벳을 찾고 계신다

◇◇◇

세계사는 남자가 쓰고, 그 남자는 아내가 이끈다고 합니다. 여자는 약하나 어머니는 강하다고도 합니다. 결국 어머니가 세계 역사를 쓴다고 할 수 있지요. 여자는 위대합니다. 어머니는 더 위대합니다.

세계위인전기를 읽어보면, 위인들은 훌륭한 아버지의 영향을 받고 자라기도 하지만 하나같이 훌륭한 어머니의 영향력을 더 많이 받았다는 사실을 알 수 있습니다.

자녀를 기도와 사랑과 말씀으로 키우는 어머니는 참으로 존귀합니다. 많은 크리스천 엄마가 말하기를, 같은 형제자매라도 말씀암송 태교로 낳은 아이와 그렇지 않은 아이는 너무도 다르다고 합니다. 엄마 배 속에서 암송하는 소리를 듣고 자란 아이들은 잘 울지 않고, 방긋방긋 웃으며, 초저녁부터 아침까지 깨지 않고 새근새근 잘 자서 키우기가 수월하다는 것입니다.

프로이트에 의하면 사람은 3세 이전에 성품이 형성된다고 합니다. 물론 후천적인 훈련과 노력으로 아이의 성품이 다듬어지는 것도 중요하지만, 말씀암송 태교로 선천적으로 온유한 성품을 갖도록 힘쓰는 것이 참 지혜입니다.

인격적으로 존경받을 만한 인물의 배후에는 훌륭한 어머니가 있었습니다. 그 인물은 태교와 기도와 사랑으로 양육되었음을 알 수 있지요. 성경에서 그런 어머니를 묵상하는 가운데 모세의 어머니인 요게벳이 먼저 떠오릅니다. 400여 년의 노예 생활에서 이스라엘을 건져내는 데 주역을 맡았던 모세의 어머니 요게벳에 관해 성경은 지극히 간략하게 언급합니다.

> 아므람의 처의 이름은 요게벳이니 … 그가 아므람에게서 아론과 모세와 그의 누이 미리암을 낳았고 민 26:59

이 말씀을 포함해 출애굽기 2장 1-10절과 6장 20절 말씀을 살펴보면 그 핵심은 다음과 같습니다.

모세가 태어날 무렵, 애굽에는 비상이 걸렸습니다. 애굽의 노예인 이스라엘 사람들의 수효가 급증했기 때문이지요. 애굽 왕 바로는 그들을 그대로 뒀다가는 그 수가 무섭게 늘어나 반란을 일으킬 것이 두려웠습니다. 만일 다른 나라와 전쟁이 일어날 경우, 이스라엘 백성이 애굽을 배신하고 적의 편에 서면 큰일이라 생각했지요.

그래서 산파들을 시켜 이스라엘의 신생아 중 남자아이는 은밀히 죽이라고 명령했습니다. 그러나 명령이 제대로 시행되지 않자, 급기야 이스라엘 사람이면 누구든지 남자아이를 낳으면 무조건 나일강에 버리라는 엄명을 내렸지요.

이때 애굽 땅에는 요게벳이라는 지혜롭고 경건한 이스라엘 여인이 살고 있었습니다. 정통파 레위 족속의 딸인 요게벳은 모세를 낳고 얼마나 고심하며 간절히 기도했을까요. 성경은 이에 대해 비교적 간략하게 기록하고 있지만, 자신이 낳은 달덩이 같은 아들을 나일강에 던지기가 쉬웠겠느냐는 말입니다.

그러나 애굽의 노예로 사는 처지에서 갓난 아들을 죽이지 않고 키운다는 사실이 발각되는 날에는 아기뿐 아니라 맏아들 아론과 딸 미리암을 포함한 온 가족이 전멸당하는 비극을 겪을 수도 있었습니다. 결국 요게벳은 밤새워 하나님께 부르짖을 수밖에 없었겠지요. 그리고 하나님의 음성을 들었을 것입니다.

요게벳은 갈대 상자에 물이 스며들지 않도록 역청과 나무 진을 단단히 발랐습니다. 그렇게 안전한 보금자리를 마련한 다음, 아기에게 옷을 입혀 보온성을 높여주었을 것입니다.

그리고 나일강에 갈대 상자가 속절없이 떠내려가지 않도록 갈대밭 사이에 살며시 띄운 다음, 딸 미리암에게 일어날 일을 재차 설명하며 바로의 공주를 향해 할 말과 행동을 연습시켰을 것입니다. 요게벳은 틀림없이 기도의 응답으로 하나님께서 지시하신 대로 행했으리라 생각됩니다.

결과는 어땠을까요? 요게벳은 바로의 딸의 요청을 받아들여 값진 보수를 받으며 친아들에게 자기의 젖을 먹이면서 젖 뗄 무렵까지 키울 수 있었습니다. 훗날 이스라엘 백성을 출애굽 시킨 지도자가 된 모세는, 어머니 요게벳의 지극한 사랑과 간절한 기도와 신앙을 바탕으로 한 조기교육을 통해 하나님 중심의 사람이 되는 기본 조건을 갖출 수 있었습니다.

게다가 당시 최강국이었던 애굽의 왕세자 교육을 받고 자랐기에 신앙과 격물치지(格物致知)의 지혜를 겸비한 지도자가 될 수 있었고, 결국 이스라엘 족속의 구원자가 되었습니다.

우리나라 인물 가운데 도산 안창호 선생은 일제 치하에서 독립을 위한 무력 저항운동도 중히 여겼으나, 민족의 인격적 소양을 기르는 것을 우선순위로 보고 흥사단을 만들어 국민 교양 진작에 힘썼습니다. 흥사단에서 배출한 많은 인격 있는 애국지사들이 광복 이후 조국의 재건에 크게 이바지한 것을 감사히 생각합니다.

그러나 오늘날 대한민국은 교육보다 우선해야 할 것이 있습니다. 바로 어머니에 의한 자녀의 조기 가정교육입니다. 하나님은 21세기 '한국의 모세'를 길러낼 요게벳과 같은 어머니를 찾고 계십니다. 내일의 영적 지도자를 이 나라의 어머니들이 길러내야 하기 때문이지요.

마땅히 행할 길을 아이에게 가르치라 그리하면 늙어도 그것을 떠나지 아니하리라 잠 22:6

# 말씀의 중무장

◇◇◇

바울 사도는 "하나님의 전신 갑주를 입으라, 하나님의 전신 갑주를 취하라"라고 에베소서 6장에서 기술하고 있습니다.

끝으로 너희가 주 안에서와 그 힘의 능력으로 강건하여지고 마귀의 간계를 능히 대적하기 위하여 하나님의 전신 갑주를 입으라 우리의 씨름은 혈과 육을 상대하는 것이 아니요 통치자들과 권세들과 이 어둠의 세상 주관자들과 하늘에 있는 악의 영들을 상대함이라 그러므로 하나님의 전신 갑주를 취하라 이는 악한 날에 너희가 능히 대적하고 모든 일을 행한 후에 서기 위함이라 그런즉 서서 진리로 너희 허리띠를 띠고 의의 호심경을 붙이고 평안의 복음이 준비한 것으로 신을 신고 모든 것 위에 믿음의 방패를 가지고 이로써 능히 악한 자의 모든 불화살을 소멸하고 구원의 투구와 성령의 검 곧 하나님의 말씀을 가지라
엡 6:10-17

바울은 영적 전쟁에서 승리하기 위해 성도가 입고 취해야 할 하나님의 전신 갑주를 그의 뛰어난 상상력과 정곡을 찌르는 문학적이고도 아름다운 표현으로 실감 나게 그리고 있습니다. 진리의 허리띠, 의의 호

심경, 평안의 복음의 신발, 믿음의 방패, 구원의 투구, 성령의 검으로 하나님의 전신 갑주를 취하라고 권면하지요.

우리가 싸워 이겨야 할 대상은 혈과 육에 있지 않고, 오직 세상 주관자들과 하늘에 있는 악의 영들이기에 이들의 공격으로부터 하나님나라를 지키기 위해 성도는 모름지기 하나님의 말씀으로 중무장하고 기도로 승리해야 함을 그림을 그리듯 표현합니다.

> 모든 기도와 간구를 하되 항상 성령 안에서 기도하고 이를 위하여 깨어 구하
>
> 기를 항상 힘쓰며 여러 성도를 위하여 구하라 엡 6:18

바울이 이 서신을 쓸 때의 상황을 상상해봅니다. 그는 당시 위풍당당한 로마 군사들의 중무장한 모습을 기억하면서 이 땅에서 하나님나라를 굳건히 지켜나갈 성도의 영적 무장을 그려보았을 것입니다.

오직 진리의 말씀으로 허리띠를 꽉 조여 매고, 의의 말씀으로 대적의 불화살을 막아내는 호심경을 가슴에 붙이고, 평안의 말씀으로 아무리 행군해도 발이 끄떡없는 군화를 신고, 굳건한 믿음의 말씀으로 대적의 창칼을 막아내는 방패를 들고, 구원의 말씀의 투구로 머리를 보호하고, 말씀이신 성령의 불이 타오르는 칼로 중무장한 하나님의 군사를 말입니다.

온전히 말씀의 원자재로 만들어진 전투복과 공격 무기인 성령의 검을 쥐고, 쉬지 않는 기도와 간구를 드리라고 강조합니다. 그렇습니다.

영적 전쟁에서 승리하기 위해 성도는 오직 하나님의 말씀 곧 진리의 말씀, 생명의 말씀, 평안의 말씀, 믿음의 말씀, 구원의 말씀, 성령의 말씀으로 중무장해야 합니다.

그런데 우리에겐 문제가 있습니다. 이 아름답고 귀한 말씀을 막연하게 받아들인다는 거지요. 여기서 반드시 짚고 넘어가야 할 중요한 사실이 있습니다. 바로 말씀으로 무장하는 구체적이고 정확한 방법을 찾아내야 한다는 것입니다.

설교를 듣거나, 책을 읽거나, 성경을 읽거나, 성경공부를 하는 것도 말씀으로 무장하는 하나의 방법임에는 틀림없습니다. 그러나 이것만으로 말씀의 전신 갑주를 삼기에는 부족합니다. 더 적극적인 노력과 열심이 필요하지요.

시간과 노력을 들여서 힘써 암송한 하나님의 말씀이야말로 강력한 힘의 원천이 될 수 있지 않을까요. 암송의 단단한 반석 위에서 말씀을 수시로 묵상하고 성령 안에서 기도하는 성도에게 하나님은 말씀의 전신 갑주로 중무장하는 능력을 주실 것입니다.

예수님은 어려서부터 마을 회당에서 두루마리 성경 말씀을 거의 암송하다시피 하셨고, 묵상과 기도로 중무장하셨습니다. 공생애 시작 전 광야에서는 40주야를 금식하신 후 사단의 세 가지 유혹을 하나님의 말씀으로 물리치셨지요.

우리도 이 땅을 다스리는 악한 영의 유혹을 말씀과 성령의 권능으로 능히 물리칠 수 있습니다. 그러기 위해 어려서부터 말씀을 힘써 암송하고, 주야로 즐겨 묵상하며, 이를 삶에 적용하는 말씀의 생활화가 이루어져야 할 것입니다.

오늘날 한국교회의 수많은 성도가 이단의 유혹에 넘어가는 이유가 무엇일까요? 평소에 말씀암송과 묵상으로 연마된 믿음과 성령의 불 칼로 중무장하지 못했기 때문은 아닐까요.

나의 힘이신 주님, 내가 주님을 사랑합니다. 시 18:1 새번역

# 자율적인 성품 훈련

◇◇◇

크리스천의 가정교육은 어린 자녀에게 경건한 믿음과 정직한 성품을 몸에 익히는 훈련에 초점을 맞추어야 합니다.

가정에서의 신앙 훈련은 유대인의 전통적인 교육이 입증하듯이 생각이 순수하고 기억력이 왕성한 유년기에 하나님의 말씀을 암송시키는 데 우선순위를 두어야 하지요.

성품 훈련은 단조롭지만 확실하게, 오직 '하나님이 기뻐하실까? 아니면 슬퍼하실까?'를 어려서부터 스스로 판단하는 습관을 들이는 것이 중요합니다. 이를테면 거실 벽에 '하나님이 기뻐하시는 일'과 '하나님이 슬퍼하시는 일'을 아이의 표현법으로 적은 스티커 판을 붙여놓는 거지요. 바로 밑에는 "하나님의 은혜에 감사합니다!", "하나님께 지은 죄를 회개합니다"라고 적어 각 항목에 우리가 어떻게 반응해야 하는지도 알려줍니다. 그리고 아침마다 자녀가 그 판에 붙은 글을 읽게 합니다. 자녀가 글을 읽을 줄 모르면 엄마가 손가락으로 짚어가며 또박또박 읽어줍니다.

유년 시절부터는 날마다 잠자리에 들기 전에 하루를 돌아보며 하나님이 기뻐하실 행동을 했다고 생각되면, "하나님의 은혜에 감사합니다!" 칸에 감사 스티커 1개를 스스로 붙이게 하고, 하나님이 슬퍼하실 행동을 했다고 생각되면, "하나님께 지은 죄를 회개합니다" 칸에 회개 스티커 1개를 붙이게 합니다. 이렇게 자신이 행한 모든 일을 오직 두 기준, '하나님이 기뻐하실까?'와 '하나님이 슬퍼하실까?'로 판단해서 스티커를 붙이게 하는 훈련을 자연스럽게 시킵니다.

스티커 판에는 하루에 1개 혹은 여러 개의 스티커를 자녀가 스스로 붙이게 합니다. 또 자녀와 기준을 정해서, 감사 스티커가 30개나 50개 등 일정량이 채워지면 시상을 합니다. 회개 스티커의 경우, 벌을 주기보다 간절히 회개 기도를 하도록 합니다. 이때 자녀와 미리 약속한 대로 정확히 실천하는 것이 중요합니다.

순진한 어린이라 할지라도 자기 욕심대로 하려 하거나 부모님의 칭찬을 받기 위해 거짓말하는 죄성은 있게 마련입니다. 다만 어려서부터 믿음 생활을 성실하게 하는 부모의 슬하에서 자라면 커서도 비교적 거짓말을 하지 않을 겁니다. 자녀가 날마다 자신의 행동을 '하나님이 기뻐하실까, 슬퍼하실까?'의 기준에 따라 스스로 돌아보고 감사하며 회개하는 삶을 몇 달만 지속하게 해보세요. 하나님을 기쁘시게 하는 일만 하려고 노력하는 신실한 성품으로 자연스럽게 바뀔 것입니다.

하나님은 그가 기뻐하시는 자에게는 지혜와 지식과 희락을 주시나 죄인에게는 노고를 주시고 그가 모아 쌓게 하사 하나님을 기뻐하는 자에게 그가 주게 하시지만 이것도 헛되어 바람을 잡는 것이로다 전 2:26

# 생기와 생수

◇◇◇

봄은 긴 겨울잠에서 깨어난 새 생명이 온 세상을 아름답게 만드는 계절입니다. 봄이 되면 나무와 풀이 생기를 얻어 새 생명이 움트고 새싹이 자랍니다. 푸른 잎과 향기를 뿜어내는 온갖 아름다운 꽃이 피어나기도 하지요. 이런 생동하는 계절에 생기(生氣)와 생수(生水)에 대해 묵상하는 것은 은쟁반에 금사과라 하겠습니다.

성경은 '생기'와 '생수'가 성령으로부터 나오는 무형과 유형의 동질성 에너지임을 증명합니다. 나는 성경을 읽으면서 생명 에너지를 느낍니다. 특히 성경 말씀을 암송하고 깊이 묵상할 때 무한한 생명 에너지를 위로부터 받습니다.

성령님은 인간에게 생명력을 부어주시지요. 영혼 깊은 곳에서 생기가 마음에 밝은 빛으로 임하고, 배에서 생수의 강이 흘러넘치게 하심을 느낍니다.

여호와 하나님이 땅의 흙으로 사람을 지으시고 생기(生氣)를 그 코에 불어넣으시니 사람이 생령(生靈)이 되니라 창 2:7

이에 내가 그 명령대로 대언하였더니 생기(生氣)가 그들에게 들어가매 그들이 곧 살아서 일어나 서는데 극히 큰 군대더라 겔 37:10

누구든지 목마르거든 내게로 와서 마시라 나를 믿는 자는 성경에 이름과 같이 그 배에서 생수(生水)의 강이 흘러나오리라 하시니 이는 그를 믿는 자들이 받을 성령(聖靈)을 가리켜 말씀하신 것이라 요 7:37-39

오직 요한복음에서만 성령을 일컬어 '보혜사'(保惠師)라고 부릅니다. 내가 예수님을 믿기 시작한 사십 대 초반에 사복음서 중에서도 요한복음을 더욱 즐겨 암송했던 것은 보혜사라는 말에 친근감을 느껴서였는지도 모르겠습니다.

당시 나는 퇴근 후 '생명의전화'에서 하루는 3시간 30분을, 하루는 밤 10시부터 이튿날 아침 8시까지 10시간을 밤새 자원상담을 했었지요. 그러던 중 NIV 영어성경에서 보혜사를 "the Counselor"(상담자)로 표기한 것을 보고 생각했습니다.

'아, 비록 전화 상담자라 할지라도 존귀하신 성령께서 하시는 귀한 일에 내가 동참하고 있구나.'

내심 얼마나 뿌듯했는지 모릅니다. 나는 늘 전도하기를 원하고 전도의 능력을 사모하기에 이 말씀을 즐겨 암송합니다.

오직 성령이 너희에게 임하시면 너희가 권능을 받고 예루살렘과 온 유대와 사
마리아와 땅끝까지 이르러 내 증인이 되리라 하시니라 행 1:8

성령으로부터 받는 생기에 힘입으면 전도의 권능을 받아 영적으로
죽어있는 사람을 살릴 수 있습니다. 그뿐 아니라, 자신도 육체적으로
건강하게 살 수 있으며 병든 이웃을 강건하게 회복시키는 데도 도움이
되지요.

문제는 '어떻게 성령충만을 받느냐'는 겁니다. 내 작은 경험을 나누
자면, 말씀을 간절히 사모하는 마음으로 암송하고 이를 반복하면서
그 깊은 뜻을 묵상하는 것이 생활화되자 자연스럽게 성령께서 생기를
부어주셨습니다. 마음에 기쁨이 넘치고 찬양이 절로 흘러나오며, 감사
기도가 몸에 배게 되었지요. 얼굴엔 화색이 돌고 가슴엔 평화가 임하며
신로불심로(身老不心老, 몸은 늙었으나 마음은 늙지 않음)의 복을 누리게 되었
습니다.

오호라 너희 모든 목마른 자들아 물로 나아오라 돈 없는 자도 오라 사 55:1

말씀엔 하나님의 권능이 있습니다. 크리스천이면 누구든지 성령이
부어주시는 생기와 생수의 무한한 에너지를 누릴 수 있지요.

나는 '성령의 역사'를 '생기의 에너지화'로 묵상합니다. 예수님의 새
계명 곧 "내가 너희를 사랑한 것같이 너희도 서로 사랑하라"(요 13:34)의

아가페 사랑은 보혜사께서 부어주시는 생기입니다.

만일 성도가 말씀을 사모하는 마음이 지극히 순결하여 믿음으로 말씀을 암송하고 묵상한다면, 성령께서는 무한한 에너지를 부어주실 것입니다. 그러면 인체를 구성하는 수십조의 유전자가 일제히 생기를 받아 살아나서 불가능한 일이 없을 겁니다. 최신 유전자 과학이 이를 어렴풋이나마 증명해주지요.

생각해보면 놀라운 일이 한둘이 아닙니다. 가령 한 변전소에서 수십 수백만 가구가 전기를 공급받고 있다고 합시다. 그 변전소에서 스위치를 내리면 일시에 천지가 암흑으로 변했다가, 다시 스위치를 올리면 순간 밝은 세상으로 변할 겁니다. 마찬가지로 성령께서 부어주시는 생기의 스위치를 내리느냐 올리느냐에 따라 이 땅에 믿는 이들의 몸의 유전자도 일시에 죽었다 살았다 할 것입니다.

하나님의 말씀을 절대 진리로 믿는 자는 복된 크리스천입니다. 말씀을 내 안에 모시는 자는 복된 삶을 살지요. 하나님의 말씀은 곧 하나님이시기 때문입니다(요 1:1).

너희가 내 말에 거하면 … 진리를 알지니 진리가 너희를 자유롭게 하리라

요 8:31,32

# 신덕지체 훈련의 필요성

◇◇◇

교육은 훈련으로 이뤄집니다. 어린 시절에 어떤 훈련을 받고 자랐는 지에 따라 한 사람의 인격이 달리 형성되지요. 303비전 교육의 핵심은 기억력이 왕성하고 심성이 순수한 어린 시절부터 하나님의 감동으로 쓰인 신·구약성경을 가감 없이 그대로 암송시키는 것입니다.

이를 날마다 반복하여 삶에 익히면 놀라우리만큼 지혜가 자라고 성 경 이해력이 향상되는 것을 많이 보았습니다. 거기에 날마다 자녀가 인 도하는 자녀주도형 가정예배를 드리면 리더십이 절로 길러지지요. 이것 이 303비전의 기본 철학이요, 실천 사항입니다.

우리 선조들은 동양철학에 바탕을 둔 지덕체(智德體)를 표방했으나, 일찍이 도산 안창호 선생은 상해임시정부의 독립운동 현장에서 지식인 들의 덕성이 부족한 것을 절감하여 흥사단 규약에 덕체지(德體智)를 내 세웠습니다.

303비전성경암송학교에서는 '신덕지체'(信德知體)를 인격 훈련의 4대 강령으로 삼습니다.

**신(信):** 어려서부터 믿음이 바로 서야 하며, 그 지름길은 기억력이 왕성한 어린 시절부터 하나님의 말씀을 지속적으로 즐겁게 암송시키는 데 있습니다. 유대인의 쉐마교육의 원리이기도 하지요.

**덕(德):** 믿음의 바탕 위에 예수님의 황금률(Golden Rule), 곧 이웃을 사랑하는 마음의 자세와 삶의 훈련을 가정에서부터 시키는 것입니다.

**지(知):** 하나님을 경외하는 것이 지식의 근본이라 했습니다(잠 1:7). 모든 학문과 지식은 반석 같은 믿음 위에 서야 합니다.

**체(體):** 건강한 몸에 건전한 정신이 깃듭니다. 몸의 건강은 평온한 마음의 바탕 위에 지속적인 유산소 운동과 근력 운동을 통해서 얻을 수 있습니다.

이 신덕지체를 표어로 삼아, 자녀가 어릴 때부터 날마다 말씀암송을 몸에 익히고 경건하고도 즐거운 분위기에서 암송 가정예배를 꾸준히 드리도록 훈련합니다. 그리하여 우리 자녀를 20-30년 후에 예수님의 참 제자의 성품을 갖춘 세계적인 리더로 키워내는 것이 303비전 교육의 목표입니다.

## 303비전꿈나무장학생 서약서

1. 날마다 부모님과 함께 말씀암송 가정예배를 드린다
2. 이틀에 한 번 이상 이미 암송한 말씀을 반복 암송한다
3. 2개월마다 암송한 말씀을 노트에 정확하고 깨끗하게 써서 제출한다
4. 2개월마다 신앙위인전기를 1권 읽고 독후감을 써서 제출한다
5. 형제자매를 사랑하고 섬긴다
6. 부모님을 기쁘시게 하며 불효를 저질렀을 때는 용서를 구한다
7. 아침에 일어나자마자 기도로 하루를 시작한다
8. 날마다 줄넘기와 걷기, 윗몸일으키기, 아침에 물 마시기 등 건강한 생활 습관을 만들어 지속적으로 실천한다
9. 주 안에서 항상 기뻐하고 범사에 감사하며 감사일기를 쓴다
10. 주 안에서 즐겨 바보 되고, 기뻐 손해 본다


그러므로 너희가 더욱 힘써 너희 믿음에 덕을, 덕에 지식을, 지식에 절제를, 절제에 인내를, 인내에 경건을, 경건에 형제 우애를, 형제 우애에 사랑을 더하라

**벧후 1:5-7**

# 무릎 꿇는 그리스도인

◇◇◇

나는 규장에서 출간한 책은 되도록 초간본을 정독하는 편입니다. 여기엔 두 가지 목적이 있습니다.

하나는 내가 처음 규장문화사를 설립할 당시 기도로 세운 '규장 수칙 일곱 가지'를 모든 간행본의 판권에 명기해왔는데, 그중 세 번째와 네 번째 수칙을 지키기 위함입니다. 곧 "한 활자 한 문장에 온 정성을 쏟는다"와 "성실과 정확을 생명으로 삼고 일한다"라는 약속을 지키려는 것이지요.

오늘까지 60년에 이르는 편집 교정의 실무 경험으로 보아 오탈자가 전혀 없는 책을 발행하기란 매우 어려운 일임을 잘 압니다. 그러기에 더욱 한 활자 한 문장에 온 정성을 쏟는다고 한 거지요. 물론 지금은 일체의 경영을 아들에게 넘긴 지 오래일뿐더러 뛰어난 젊은 인재들이 최선을 다해 편집하고 있습니다.

규장 간행본을 정독하는 또 하나의 이유는 기도로 기획 제작된 책인 줄을 알기에 그 안에 담긴 진리를 배우고 은혜받기 위함입니다. 오래전에 출간된 《무릎 꿇는 그리스도인》(The Kneeling Christian)을 읽으면서 '이럴 수가?' 하며 많이 놀라고, 많이 깨닫고, 많이 회개하고, 많이 묵상했던 이야기를 나누고 싶습니다. 다음은 책에서 발췌한 문장입니다.

우리는 종종 주님의 십자가상의 칠언(架上七言)에 대해 숙고하면서 많은 시간을 보낸다. 마땅히 그래야 한다. 그것은 유익하다. 그러나 당신은 구세주의 권면에 대해서 일곱 번에 걸친 '기도로의 초대'에 대해서 단 한 시간이라도 시간을 들여 묵상한 적이 있는가?

이 부분을 읽고 나는 엎드러지고 말았습니다. 저자는 내가 오랫동안 즐겨 암송하고 묵상한 요한복음 14-16장에서 예수님의 일곱 번에 걸친 기도로의 초대를 예로 들었습니다.

그토록 많은 시간을 들여 암송하고 반복 묵상하면서도 그 귀하신 초대의 말씀에 귀를 기울이지 못했음이 얼마나 부끄럽고 죄스럽게 다가왔는지 모릅니다.

너희가 내 이름으로 무엇을 구하든지 내가 행하리니 이는 아버지로 하여금 아들로 말미암아 영광을 받으시게 하려 함이라 요 14:13

내 이름으로 무엇이든지 내게 구하면 내가 행하리라 요 14:14

너희가 내 안에 거하고 내 말이 너희 안에 거하면 무엇이든지 원하는 대로 구하라 그리하면 이루리라 요 15:7

너희가 나를 택한 것이 아니요 내가 너희를 택하여 세웠나니 이는 너희로 가서 열매를 맺게 하고 또 너희 열매가 항상 있게 하여 내 이름으로 아버지께 무엇을 구하든지 다 받게 하려 함이라 요 15:16

그날에는 너희가 아무것도 내게 묻지 아니하리라 내가 진실로 진실로 너희에게 이르노니 너희가 무엇이든지 아버지께 구하는 것을 내 이름으로 주시리라 요 16:23

지금까지는 너희가 내 이름으로 아무것도 구하지 아니하였으나 구하라 그리하면 받으리니 너희 기쁨이 충만하리라 요 16:24

그날에 너희가 내 이름으로 구할 것이요 내가 너희를 위하여 아버지께 구하겠다 하는 말이 아니니 요 16:26

예수님의 고별 강론을 보면, 영적으로 잠들어 있는 제자들이 얼마나 안타까우셨으면 '내 이름으로 무엇이든지 구하라 그리하면 내가 이루리라'라는 말씀을 일곱 번이나 거듭 강조하셨을까요?

나는 특히 요한복음 16장 24절에 찔림을 받아서 이 말씀을 우리말과 NIV 영어성경으로 암송하며 303비전을 위해 기도했습니다. 그러자 기쁨이 샘솟았지요.

지금까지는 너희가 내 이름으로 아무것도 구하지 아니하였으나 구하라 그리
하면 받으리니 너희 기쁨이 충만하리라
Until now you have not asked for anything in my name. Ask and you
will receive, and your joy will be complete.


우리는 성경을 비롯한 수많은 책을 통해 진리와 지식을 쌓아갑니다.
그중에서 성경이야말로 하나님의 말씀이며, 하나님 자체십니다(요 1:1,
14). 이 존귀한 성경을 읽고 쓰고 암송하며 주야로 묵상하는 자가 복이
있다고 시편 1편은 증언하지요.

죄로 죽을 수밖에 없는 인간을 영생으로 인도하시기 위해 예수님은
십자가를 감당하셨고 다시 부활하셨습니다. 그분은 구원뿐 아니라 연
약한 인간이 기도를 통해 복을 누리도록 일곱 번에 걸쳐 '기도로의 초
대'를 하셨지요.

단 한 시간이라도 시간과 정성을 들여 이 말씀을 묵상하는 자는 복
이 있을 것입니다.

# 유대인의 테필린과 우리의 새 테필린

◇◇◇

유대인의 테필린(Tefillin, 양피지에 쓴 성구 두루마리를 넣은 성구함으로 신명기 6장 4-9절에 따라 유대인은 이를 머리와 팔에 묶어서 맨다)에는 네 부분의 말씀 구절이 들어가 있습니다. 바로 구원(Salvation, 출 13:1-10), 봉헌(Offering, 출 13:11-16), 쉐마(Shema, 신 6:4-9), 축복(Blessing, 신 11:13-21)의 말씀이지요.

유대인은 2,500년 동안 이 테필린을 가정마다 반복 암송하는 전통을 지켜왔습니다. 그들은 날마다 세대를 막론하고 한목소리로 마음과 뜻을 다해 외우지요. 그로 인해 가정이 하나 되어 할아버지와 할머니로부터 아버지와 어머니, 어린 손자녀에 이르기까지 위계질서 안에서 서로의 인격을 존중하고 아끼는 가족공동체를 이루며 삽니다.

반면, 우리의 과거와 오늘의 사정과 형편은 어떤가요? 삼국시대를 거쳐 고려 통일시대에는 불교문화 속에 살았습니다. 조선 시대에는 가족 중심의 유교문화 속에서 단란한 가족공동체의 장점을 누리며 살았지만, 남녀 차별과 가부장제의 모순이 누적되어왔지요.

지금 우리는 건전한 문화의 뒷받침이 없는 이기적인 물질주의의 모순을 껴안고 발버둥 치는 어지러운 시대에 살고 있습니다. 크리스천 가정조차도 급속히 받아들인 신앙이 세상의 탁류로 뒤범벅되었지요. 기독교의 긍휼과 사랑은 교회 설교와 양육에만 존재할 뿐, 죄성을 지닌 인간 본성에 이끌려 말씀 따로 삶 따로인 신앙생활에 익숙하지는 않은 가요.

선지자 이사야가 성령의 감동으로 이스라엘을 향해 외친 말씀이 있습니다. 이는 오늘날 우리 민족을 향한 선지자의 예언으로 받아들이기에 합당합니다.

> 일어나라 빛을 발하라 이는 네 빛이 이르렀고 여호와의 영광이 네 위에 임하였음이니라 보라 어둠이 땅을 덮을 것이며 캄캄함이 만민을 가리려니와 오직 여호와께서 네 위에 임하실 것이며 그의 영광이 네 위에 나타나리니 나라들은 네 빛으로, 왕들은 비치는 네 광명으로 나아오리라 사 60:1-3

진리요 생명이신 하나님의 말씀을 경건히 받아들여 우리의 참된 몫을 다할 때 주께서 우리나라를 하나님의 제사장 나라와 민족으로 삼으실 것입니다. 그렇다면 우리의 참된 몫은 무엇일까요? 우리 백성이 주 예수 그리스도의 성품을 닮아가는 것입니다.

캠페인 같은 일회성 운동을 통해 단기간에 우리가 맡은 몫을 다하기란 불가능합니다. 오직 점진 정신으로 이뤄가야 하지요. 일찍이 도산 안창호 선생은 이십 대에 일제하의 긴박한 위기 속에서 이 땅에 최초의 초등학교인 점진학교(漸進學校)를 세웠고, 교가를 손수 지어 부르기까지 했습니다.

그렇게 뛰어난 선견지명으로 세워진 점진학교는 슬프게도 일제에 의해 문을 닫게 되었지요. 그러자 도산은 미국에서 흥사단을 조직하여 국내외의 피 끓는 열혈 애국청년들을 하나둘 모아 철저한 인격 훈련에 힘썼습니다.

유대인들의 2,500년 전통을 자랑하는 테필린 암송과 묵상 생활을 본받는 것이 오늘을 사는 크리스천의 지혜라 여겨집니다. 그들은 말씀을 손목에 매고 미간에 붙여서 집에 앉았을 때나, 길을 갈 때나, 누웠을 때나, 일어날 때나 암송하고 그 뜻을 새겼습니다. 유랑 민족으로 살면서 온갖 박해와 수모 속에서도 끊임없이 지속했지요.

이 세대가 유대인의 정신을 본받으면 좋겠습니다. 새 테필린의 말씀을 유대인처럼 철저히 하진 못하더라도, 하루에 세 번 이상 사모하는 마음으로 암송 묵상하며 살아가길 원합니다. 그러면 우리의 어린이들은 참된 신앙생활이 자연스럽게 몸에 밸 것입니다. 청장년은 어린이보다는 더딜지라도 해가 지날수록 말씀의 생활화와 점진적인 인격 도야를 이룰 것입니다.

지속은 성공의 열쇠입니다. 지속 없는 성공은 기대할 수 없지요. 생명의 말씀, 진리의 말씀을 사모하는 마음으로 암송하며 말씀대로 살기를 힘쓸 때 주께서 성령충만함을 허락하십니다. 모든 크리스천 공동체가 새 테필린 53절의 말씀암송과 묵상을 생활화할 때 주께서 이 나라를 세계의 제사장 나라로 세우시리라 믿습니다.

## 말씀 한평생

| | |
|---|---|
| 초판 1쇄 발행 | 2023년 3월 10일 |
| 초판 2쇄 발행 | 2024년 10월 23일 |

| | |
|---|---|
| 지은이 | 어운학 |

| | | | |
|---|---|---|---|
| 펴낸이 | 여진구 | | |
| 책임편집 | 김아진 정아혜 | | |
| 편집 | 이영주 박소영 최현수 안수경 김도연 | | |
| 책임디자인 | 노지현 \| 마영애 조은혜 | | |
| 홍보 · 외서 | 진효지 | | |
| 마케팅 | 김상순 강성민 | 마케팅지원 | 최영배 정나영 |
| 제작 | 조영석 허병용 | 경영지원 | 김혜경 김경희 |

303비전성경암송학교 유니게 과정
이슬비전도학교 / 303비전성경암송학교 / 303비전꿈나무장학회

| | |
|---|---|
| 펴낸곳 | 규장 |

주소  06770 서울시 서초구 매헌로 16길 20(양재2동) 규장선교센터
전화  02)578-0003    팩스  02)578-7332
이메일  kyujang0691@gmail.com                홈페이지  www.kyujang.com
페이스북  facebook.com/kyujangbook          인스타그램  instagram.com/kyujang_com
카카오스토리  story.kakao.com/kyujangbook
등록일  1978.8.14. 제1-22

ⓒ 저자와의 협약 아래 인지는 생략되었습니다.

책값  뒤표지에 있습니다.
ISBN  979-11-6504-416-9 03230

## 규 | 장 | 수 | 칙

1. 기도로 기획하고 기도로 제작한다.
2. 오직 그리스도의 성품을 사모하는 독자가 원하고 필요로 하는 책만을 출판한다.
3. 한 활자 한 문장에 온 정성을 쏟는다.
4. 성실과 정확을 생명으로 삼고 일한다.
5. 긍정적이며 적극적인 신앙과 신행일치에의 안내자의 사명을 다한다.
6. 충고와 조언을 항상 감사로 경청한다.
7. 지상목표는 문서선교에 있다.

하나님을 사랑하는 자 곧 그의 뜻대로 부르심을 입은 자들에게는 모든 것이 合力하여 善을 이루느니라(롬 8:28)

Member of the
Evangelical Christian
Publishers Association

규장은 문서를 통해 복음전파와 신앙교육에 주력하는 국제적 출판사들의
협의체인 복음주의출판협회(E.C.P.A:Evangelical Christian Publishers
Association)의 출판정신에 동참하는 회원(Associate Member)입니다.